しかける！算数授業

算数授業

前田健太

[著]

JN032838

クラス全員が参加できる授業の「しかけ」

算数教育への疑問

　算数では，「問題解決型授業」と呼ばれる授業が多くの学校現場で行われています。具体的には，以下のような形で授業が進んでいくわけです。

①問題提示（5分）　　②見通し（5分）
③自力解決（15分）　　④練り上げ（15分）
⑤まとめ（5分）

　しかし，学生のころから，そんな授業に大きな疑問を感じていました。なぜなら，算数が得意な子しか活躍できないのではないかと思ったからです。例えば，「筆算の仕方を考えよう」と言われて，急に15分も自力解決の時間を与えられても，塾などで先取り学習をしている子は動くことができるでしょうが，そうではない子は何をしていいのやらわからないのではないでしょうか。そして，実際に見る授業でも，自力解決中に先生が選んだ3人くらいの子，そ

れも拙い考え方からうまく考えている子の順に取り上げられ，その３人が話して，「いいですか？」「いいです」のような形で授業が終わっていくことが多かったのです。

転機

　そういった既存の授業に疑問を感じていたときに出会ったのが，当時千葉大学附属小学校におられた平川賢先生（現昭和学院小学校）です。

　平川先生の授業は，先ほどの「問題解決型授業」とは大きく異なっていました。平川先生が問題を書くだけで，子どもたちが口々につぶやき出します。そして，先生もその声をうまく拾い，時にはそのつぶやきを黒板に書きながら授業を進めていきます。問題自体も大人の私でも「どうなるのだろう？」と考えてしまうもので，当然子どもたちの興味を引きます。さらに，授業後半になるにつれて，だんだんと盛り上がります。最初の予想と違った結果になる驚きに興奮し，なぜそうなるのかを説明したいと机から身を乗り出して手をあげる子どもの姿がありました。**①〜⑤のような形式的な段階をつくるのではなく，目の前の子どもの姿に合わせて柔軟に授業を変えていくからこそ，子どもたちが生き生きしていた**のです。

　そんな平川先生との出会いをきっかけに，筑波大学附属小学校の研究会や全国算数授業研究会など，算数授業の達人と言われるような先生方が多くいらっしゃるような研究

会に参加するようになりました。そこにも，私が求めていた，平川学級のように子どもたちが目を輝かせる授業が多くあったのです。

実際に子どもたちを目の前にして

しかし，いざ現場に出て，子どもたちを目の前に授業をするようになると，先ほど述べたような授業をすることがそう簡単ではないことがわかってきます。まったく授業がうまくいかないのです。

目指していたはずの子どもたち全員が愉しいと思える算数授業とは程遠く，むしろ「問題解決型授業」で自分が一番問題だと思っていた一部の子だけが活躍する授業になっていたので，当然うまくいくはずもなく，子どもたちに，

「もっと授業をおもしろくしてほしい！」

と言われたこともありました。

そこから，前述した研究会に今まで以上に足繁く通うようになり，サークルにも参加するようになりました。そこで先輩の先生から学んだ様々な技術が，今の私をつくっていると言っても過言ではありません。

授業には「しかけ」がある

そこで，わかったことがあります。それは，授業には「しかけ」があるということです。**私が見た子どもたちの**

生き生きとした姿は，何もせずに自然と生まれたものではなかったのです。考えてみれば，どの子も自然に生き生きと学び始めるなら，教師の技術など必要ありません。私が見たその１時間の授業に至るまでに，授業名人の先生方は１時間１時間にいろいろな「しかけ」を用意して，それを積み重ねてきていたのです。

　本書は，子どもたち全員が目を輝かせるそんな「しかけ」に着目し，以下の10ジャンルに細分化して具体的な提案をしています。

1	教材	2	問題提示
3	板書	4	ノート指導
5	リアクション	6	見取り
7	発表・話し合い	8	まとめ・振り返り
9	自主学習	10	学級通信

　本書の提案は，決して目新しいものばかりではありません。しかし，算数授業をこれからがんばろうとする先生にとっては，授業改善のきっかけとなるヒントが含まれているはずです。
　正直なところ，「授業名人でもなんでもない私が，本なんて書く意味があるのだろうか」と非常に迷いました。しかし，「算数が好き」程度の普通の教員である私だからこそ，算数授業に悩んでいる先生の悩みに向き合うことがで

きるかもしれないと思い，今回執筆させていただきました。

　私の授業は，今でもうまくいくことばかりではありません。「子どもたちの声が聴けなかった」「自分がやりたいことを押しつけてしまった」「なんで子どもにあんな言葉をかけてしまったのか」などと反省する日々です。

　そんな私と同じように日々悩んでいる先生方にこそぜひ本書を手に取っていただき，本書をきっかけに，私と一緒に悩みを語り合える関係になっていただけると大変うれしいです。

オープンチャット「算数ネタ研究会」

　このオープンチャットでは，本書の話題含め，算数に関しての話題ならば何でもご投稿ください。

2023年2月

前田健太

目次／Contents

第2章
「問題提示」でしかける！

第3章
「板書」でしかける！

第6章
「見取り」からしかける！

第7章
「発表・話し合い」でしかける！

第8章
「まとめ・振り返り」でしかける！

第9章
「自主学習」でしかける！

第10章

「学級通信」でしかける！

第1章
「教材」で
しかける！

材料七分に腕三分

①授業を創る3要素

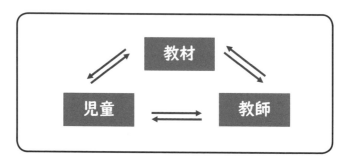

　授業は，3つの要素から成り立っています。1つ目は「児童」，2つ目は「教師」，そして最後が「教材」です。その3つが，相互に関わり合って授業は創られていきます。そこから考えていくと，私たち「教師」がよりよい授業を創っていくためには，「児童」と「教材」の関わり方が重要になってきます。

　言うまでもなく，「児童」と「教材」どちらも大切です。しかし，特に若い先生にとっては，「児童」の理解は簡単なことではありません。なぜなら，若い先生はベテランの先生と比べて，圧倒的に関わった子どもの数が少ないからです。もちろん，経験を積めば自然に児童理解ができるようになるというわけではありませんが，やはりある程度の

経験が必要です。また，授業名人の先生のような指導技術が一朝一夕に身につくはずもありません。児童理解には，ある程度の年月が必要だということです。

②教材の魅力

　一方で，「教材」はどうでしょうか。

　もちろん，教材の系統性（どの単元とどの単元がつながっているか）など深い意味での教材理解をするためには，児童理解と同様に長い期間が必要です。しかし，そういった教師の教材理解とは別に，「教材」そのものに多くの子どもたちを引きつける魅力があります。

　社会科の授業名人と言われた故有田和正先生（元筑波大学附属小学校教諭）の有名な言葉に「材料七分に腕三分」というものがあります。

　料理がおいしくなるかどうかは材料で7割が決まり，料理人の腕は3割だということです。確かに，どんなに料理が上手な達人でも，腐った材料ではよい料理はできません。一方で，どんなに料理が下手な人でも，一級品の材料がそろえば，切るだけ焼くだけである程度おいしい料理になります。

　有田先生は，授業にも同様のことが言えるとおっしゃっているのです。つまり，**どんなに経験豊富なベテランの先生でも教材がつまらないものではよい授業にはならないけれど，経験が浅い若手の先生でも教材がおもしろければ子どもたちが楽しいと思う授業がつくれるのではないか**とい

うことです。

　有田先生のような経験豊富な授業名人でも，生涯をかけて教材のネタ集めをされていた理由が，このことからも伺えます。

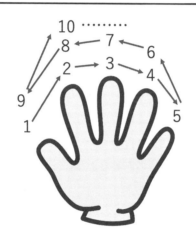

　親指から１・２・３・４・５と順番に数えていき，小指まで来たらＵターンして数えます。これを繰り返したとき，100番目はどの指になりますか。

　上の問題を子どもたちに提示するときの顔を想像してみてください。

　必死に指を押さえながら100までがんばって数えようとする子。

　計算で求めようとするけれど，なかなかうまくいかずに

頭を悩ます子。

　表などにまとめてみて，きまりを見いだそうとする子。

　問題を出した時点で，ただ教科書の問題を与えられたときよりも，子どもたちがいきいきと動き出す姿が想像できませんか。

　こういった姿を引き出す力こそが，教材の魅力です。

③「よい教材」とは？

　では，「よい教材」とはどんなものなのでしょうか。

　私はシンプルに「？（はてな）と！（びっくり）を生むもの」と考えています。

　まずは，その教材を提示したとき，子どもたちの「えっ？」「どうして？」「なんで？」という姿が引き出されるかということです。そういった？（はてな）があるからこそ，それらを「明らかにしたい」「確かめたい」というモチベーションが生まれます。

　そして，それらを解決しようとする過程で，「あっ！」「そういうことか！」「なるほど！」と！（びっくり）が生まれるのが，「よい教材」であると考えます。

「きまり発見のある問題」で，
苦手な子も授業に引き込む！

　何かを見つけて興奮するのは，人間の本能のようなものです。今，謎解きゲームがこれだけ世間で流行しているのも，わからなかったことがわかったときのあの「なるほど！」という感覚を得られるからでしょう。そして，人は混沌とした中で何かを発見すると，他者に言いたくなります。

　授業も同様で，**子どもたちは，教材に潜んでいるきまりを見つけると，「すごい。こんなふうになっているんだよ！」と，ついつい声を出して他の子に伝えたくなるの**です。

　最近，きまり発見のある問題を使った授業にあまり価値がないと言われる方もいますが，そんなことはありません。きまり発見のある問題は，子どもたちの本能的な部分に突き刺さります。本能的な部分に突き刺さるからこそ，普段は算数を苦手だと感じている子さえも，思わず引き込まれてしまうのです。

　単元の流れの中できまり発見のある問題を使った授業ができるのが理想ですが，単元とは関係ないトピックの１時間であってもよいので，ぜひ扱ってみてください。

「10段だったら何通り？」（4年／変わり方）

次の問題を提示します。

> 右の階段の上り方は
> 何通りあるでしょう。

階段の上り方として「1段」と「2段（1段飛ばし）」
の2パターンがあることを伝え，3段だったら何通りにな
るのかを確認します。

すると，上のような3通りの上り方があることがわかり
ます。

次は，4段の場合を考えます。

4段の場合も3段の場合と同じように，子どもたちは図
にして考えていきます。しかし，1つの図に上り方の線を
たくさんかいていくので「グチャグチャで見えにくい…」
と言う子が出てきます。

すると，上り方を次のように，数で表すアイデアが出て

きました。

$$1-1-1-1$$
$$1-1-2$$
$$1-2-1$$
$$2-1-1$$
$$2-2$$

　こうすると，図が不要になり，スッキリします。これで，4段の場合は5通りの上り方があることがわかりました。

　さて，3段→4段ときたところで，私はいきなり，

　「10段だったら，何通りになるかな？」

と投げかけました。

　すると，子どもたちからは「面倒！」という声が上がりましたが，そうは言いながらも，がんばって$1-1-1-$$1-1-1-1-1-1-1$などと書いていきます。

　ただ，しばらくすると，限界なのか「もう先生，こんなに書かせて！」と怒りの声が聞こえてきました。

　そんな中，ある子が下のような表をかいて考えていました。

段	1	2	3	4	5	6	7	8	9	10
通り			3	5						

　そこで，全体にこれを紹介して，子どもたちに，

　「なんでこんなものをかいていると思う？」

と問いかけました。すると，

　「表をかいて，規則を見つけようとしたんだ！」

と声が上がりました。

　ただ，2つのデータだけでは規則は見つかりそうにありません。そこで，すぐにわかる1段の上り方，2段の上り方，そして少し調べたらわかりそうな5段の上り方を考えてみることにしました。

　すると，

　1段のときは，下の1通り

$$1$$

　2段のときは，下の2通り

$$1-1$$
$$2$$

とわかりました。

　そして，5段のときは，下の8通りであることがわかりました。

$$1-1-1-1-1$$
$$1-1-1-2$$
$$1-1-2-1$$
$$1-2-1-1$$
$$1-2-2$$
$$2-1-1-1$$
$$2-1-2$$
$$2-2-1$$

　これを表にかき加えると，次のようになりました。

段	1	2	3	4	5	6	7	8	9	10
通り	1	2	3	5	8					

　すると，これを見ていた何名かの子どもが，「あっ，わかった！」と叫び，その先を書き連ねていきました。

　その子たちにヒントを言ってもらうと，下のように，求めたい段数の上り方の数は，その1つ前と2つ前の上り方の数をたしたものになっていることが見えてきたのです。

段	1	2	3	4	5	6	7	8	9	10
通り	1	2	3	5	8					

1 + 2　　　2 + 3　　　3 + 5

　あとは見つけたことを使って，10段まで表を埋めていきます。

段	1	2	3	4	5	6	7	8	9	10
通り	1	2	3	5	8	13	21	34	55	89

　すると，

　6段の場合は，　5 + 8 = 13（通り）

　7段の場合は，　8 + 13 = 21（通り）

　8段の場合は，　13 + 21 = 34（通り）

　9段の場合は，　21 + 34 = 55（通り）となり，

　10段の場合は，　34 + 55 = 89（通り）であることがわかり

ました。

　結果を見た子どもたちは，

　「89通りも 1 － 1 － 1 － 1 － 1 － 1 － 1 － 1 － 1 － 1 なんて書いていたら大変だった…」

と，**きまりを見つけることのよさ**を味わっていました。

　表にしてみることできまりが見え，そのきまりを使うことで，地道に求めることは困難な10段の場合の上り方が何通りなのかを求めることができたわけです。

　今回扱った，1，2，3，5，8，13，21，34，55，89…のように，前の2つをたすと，次の数になるような数の列のことを「フィボナッチ数列」といいます。ただおもしろいだけでなく，実はこのように，この先の数学の世界（高校数学）とつながっていることもあるのです。

「感覚とのずれ」で，
子どもの？を引き出す！

　自分は感覚的にAが長いと思っていたのに，実はBの方が長かったというようなことには，驚きがあります。トリックアートなどは，まさにその典型です。

　授業にもそのような感覚とのずれ※を取り入れることができると，子どもたちに？（はてな）が生まれていくはずです。特に，**図形や長さの単元では有効**です。

「同じかな？」（5年／合同）

　5年「合同」の導入です。

　「2つの図形は同じ（合同）？」

と投げかけ，以下の2つの図を見せます。

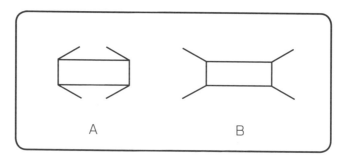

　「長方形の部分は同じですか？」

と尋ねると，ほぼ全員が「同じ」と答えます。これは，子どもたちが「どちらが長いでしょう」という以下のような有名な長さに関する錯視の問題を知っているからです。

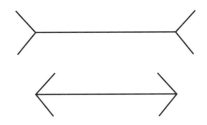

　さて，話を戻します。

　ほぼ全員が「同じ」と言うので，

　「どうやって確かめたらいいのかな？」

と問うと，「重ねればいい」「長さを測ればいい」と，2つのアイデアが出ました。とてもすばらしいアイデアです。

　そこで，両方の方法で確かめてみます。すると，子どもたちから「えーっ！」という声が上がりました。なんと，AとBの長方形は重ならないのです。もちろん，同じ長さにもなりません。

　実は，子どもたちが有名な長さの錯視を知っていることを逆手にとって，あえてAとBが同じにならないものを用意しておいたのです。

　ここは，子どもたちの実態に応じて同じものを用意した方がよい場合もあるでしょう。

　続いて，第2問です。

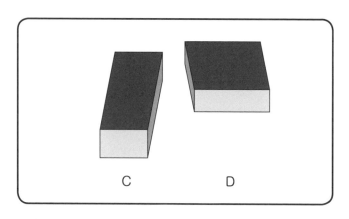

　今度は，ＣとＤの上面の平行四辺形の部分です。

　さて，この平行四辺形は同じなのでしょうか。ここで実は１問目が効いています。１問目の結果から，子どもたちは私の出す問題に対して疑心暗鬼になっているので，真剣に考えます。実際に，同じと思う子と違うと思う子，半々に分かれました。

　さて，結果はというと，なんとぴったり重なります。つまり，２つの平行四辺形はまったく同じ（合同）なのです。

　他にも以下のようなものをいくつか提示して同じかどうかを考えてもらいました。

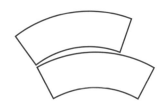

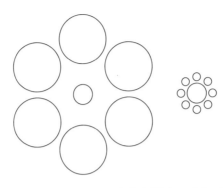

　1つ目のバームクーヘンのような形も，そして2つ目の真ん中の円も，実はどちらも同じなのです。

　こうして，錯視を生かした，感覚とのずれを生み出す問題によって，合同の導入で大切な「重ねてみたい！」という気持ちを引き出すことができ，「2つの図形がぴったり重なるとき，2つの図形を『合同』という」という定義を押さえることにつながっていきました。

※関西大学初等部の尾﨑正彦先生は，本書で紹介する「感　覚とのズレ」「予想とのズレ」と，「既習とのズレ」「友　だちの考えとのズレ」をあわせて，4つのズレを生かし　た指導を提唱されています。

「予想とのずれ」で，
理由を追究する意欲を引き出す！

　人は予想と実際の結果が違ったとき，驚きを感じ，「なんでそうなるのだろうか？」と理由を考えたくなるものです。

　例えば，次のような問題があったとします。

　ピザ屋でL1個，M4個，S16個のピザが上の図のように同じ正方形の箱に入っています。
　どのピザが一番面積が大きいでしょう。

　1個が大きい方がよいと考えてLだと思う人もいれば，小さくてもたくさん入っているSという人もいるでしょう。しかし，実際には，L1個，M4個，S16個は，どれも面積が同じなのです。

　そう聞くと，「なんでそうなるの？」と，鉛筆を走らせて理由を考えてみたくなりませんか。

授業例

「1点差でストップ」（1年／ひきざん）

「今日は，ブロックとりゲームをします」
と言って，ルールを説明します。

ルールは簡単。まず1人10個のブロックを持ちます。そして，席が隣同士で2人組になってじゃんけんをして，勝った人が負けた人からブロックを1個もらうというものです。1分ほどじゃんけんを行います。

そして，「○○ちゃんが2個勝ちました」というような形で報告させます。これは，違いのひき算のよい復習にもなります。

さて，その後，今度は先生と代表のAさんでじゃんけんゲームをします。そして，

「2人のブロックの数が，1個違いになったら『ストップ』と声をかけてね」
と見ている子どもたちにお願いしました。

すると，先生「グー」，Aさん「チョキ」と1回の勝負が終わったところで，他の見ている子たちから，

「ストップ！」
と声がかかりました。

「1個違いなんだから，1回勝負で終わりだよ」
と，1回で止めた理由も聞こえてきます。

そこで，前でブロックを使って一応確かめてみることにします。

　すると，上の図のようになりました。なんと１回勝負なのに，２個違いになっているのです。

　子どもたちは一様に「えっ，どうして…？」と不思議そうです。

　しかし，そのうちどうして２個違いになったのかを説明しようとする子どもが出てきました。その子は，ブロックを動かしながら，次のように説明しました。

　「先生は１個増えるけど，Ａさんも１個減るでしょ？だから，２個違いになる」

　さらにそれを聞いていた他の子が，

　「１個違いになることはない」

　「３個違いとか，５個違いもない」

　「絶対に２個違い，４個違い，６個違い…になるよ」

と口々に言います。

　確かに，最初に隣同士でやったじゃんけんゲームの結果

をみると，

$$\boxed{11 \quad | \quad 9}$$

11－9＝2 （個違い）

$$\boxed{12 \quad | \quad 8}$$

12－8＝4 （個違い）

$$\boxed{7 \quad | \quad 13}$$

13－7＝6 （個違い）

上のように，偶数違いのものしかありませんでした。

1回勝負で1点差になると思っていたものが，実は違ったという驚き，そして「なぜそうなるのか？」と理由を追究したくなる気持ちが生まれた授業になりました。

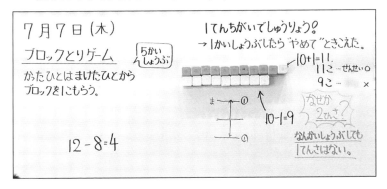

「糸口が見えると一瞬で
解ける問題」で，感動を呼ぶ！

　算数・数学の問題に対して，「良問」あるいは「悪問」といった評価がされることがあります。

　そして，「良問」の基準の１つに，「一見とても難しく見えるけれど，ある部分にさえ気がつくと，一瞬で答えまでの道筋が見える」というものがあります。

　例えば，次のような問題です。

> 　ある野球大会には49チームの高校が出場し，トーナメント形式で試合をしていきます。優勝校が決まるまでに全部で何試合行われますか。
>
> 　なお，引き分け再試合はないことにします。

　これを地道に考えていくと，以下のようになります。

１回戦	$49 \div 2 = 24$ あまり 1	24試合
２回戦	$(24 + 1) \div 2 = 12$ あまり 1	12試合
３回戦	$(12 + 1) \div 2 = 6$ あまり 1	6試合
４回戦	$(6 + 1) \div 2 = 3$ あまり 1	3試合
準決勝	$(3 + 1) \div 2 = 2$	2試合
決　勝	$2 \div 2 = 1$	1試合

よって，全部で24＋12＋6＋3＋2＋1＝48（試合）必要だということがわかります。結構大変です。

　しかし，あることが見えるとなんと3秒で答えが出せてしまいます。それは，「1試合で1チームの敗者が生まれる」ということです。

　言われてみれば，「そんなの当たり前じゃないか」と思うようなことですが，そこに気づけるかどうかがポイントです。

　優勝チームを決めるということは，49チーム中優勝チームを除いた49－1＝48チームの敗者がいるということ。つまり，試合数も48必要だということです。ですから，

　トーナメントの試合数＝出場チーム数－1

で一瞬で求められることがわかります。また，トーナメントでシードが途中どこから登場しても，試合数には影響しないこともわかります。

授業例

「20mのハンデで十分？」（5年／速さ）

　しんやくんはけんたくんと100m走をしました。

　しんやくんは，けんたくんに20m差をつけて勝ちました。そこで，しんやくんは20m後ろからスタートすることにします。

　今度はどちらが勝つでしょうか。

このような問題を子どもたちに投げかけました。子どもたちのほとんどは「同じ」，つまり同着と考えました。

　そこで，図をかいてみます。

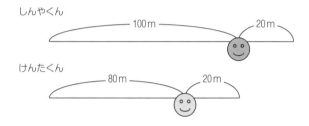

　しんやくんが100m進んだときに，けんたくんは20m手前，つまり（100－20＝）80m進んでいます。ですから，上の図のようになります。

　これを見て，「あっ！」という声が聞こえます。詳しく聞いてみると，

「どちらも残り20mだ！」

と気がついたのです。

　冒頭のトーナメントとの例と同じで，言われてみれば当たり前のことですが，そこに気づけるかどうかがポイントです。

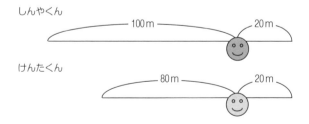

このように，ゴールをそろえた図にかき直すとわかりやすいですが，「しんやくんとけんたくんの残り20m勝負」になります。つまり，けんたくんとしんやくんの走る距離が同じなのですから，当然足の速いしんやくんが勝つのは当たり前というわけです。

　言われてみれば当たり前のこと。そういう当たり前のことに気がつくだけで，すぐに答えがわかってしまいました。そして，**そこに大きな感動がありました。**
　ちなみに，子どもたちは，ここから「しんやくんのハンデを何mにすれば同着になるのか」ということを考えていきました。

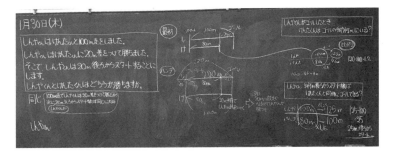

「答えが1つに決まらない問題」で, 学力差を解消する！

　算数の教科書に掲載されている問題は, ほとんどの場合1つの答えがあります。そのため, 子どもたちは, 「算数の問題の答えは1つに決まる」と思っています。

　しかし, 算数・数学には「解なし」が答えになるものもありますし, 答えが複数あるものもあります。よって, 算数の授業で答えがないものや複数の答えがあるものを扱うことには, 数学的な意義もあります。

　ただ, 実はそれ以上に大きな意味があるのです。それは, **学力差を生まない**ということです。

　答えが1つに決まっている問題では, 算数が得意な子は早々に問題を解き終えて時間を持て余し, 苦手な子はずっと問題と格闘しているという状況がよく起こります。一方で, 答えがそもそもない問題や最初に考えていたのとは別の答えがある問題を扱うと, 全員が様々な試行錯誤をしながら前に進んでいくことになり, クラス全体が同じ土俵で授業を進められます。みんながそれぞれに試行錯誤しながら考えるという状況を意図的に生み出すことで, 得意な子と苦手な子, 教えてあげる子と教えてもらう子, といった固定化された状況に変化が生じ, **苦手な子にも安心感が出てきます。**

「必要なボートは？」（2年／かけ算）

> 1そうに3人ずつ乗れるボートがあります。このボートが9そう必要になるのは何人のときですか。

2年「かけ算」の授業で，上の問題を黒板に書きました。多くの子が「簡単だよ」と言って，ノートに式と答えを書き出します。

答えを聞くと，「3×9＝27（人）」とほぼ全員が答えます。続けて，ある子が黒板に下のような図をかきました。

最後のボートがぴったり（3人）のとき

| ○○○ | ○○○ | ○○○ | ○○○ | ○○○ |

| ○○○ | ○○○ | ○○○ | ○○○ |

すると，1人の子がこの図を見て，

「これはぴったりのときじゃないの？」

と疑問の声を上げ，数名の子が「あぁ！」と言いました。

どういうことかまだ全体には伝わりません。そこで，伝わっている子にヒントをあげてもらうと，**「あまってるかもしれない」「満員にしなくてもいい」**と言います。

これらのヒントで，少しずつ全体にその意味が広がっていきました。そして，子どもたちは先ほどかいた図を使って，最後のボートに乗る人数によって，答えが3パターン

あることを確認しました。

最後のボートが 2 人のとき…26人

☐〇〇〇☐　☐〇〇〇☐　☐〇〇〇☐　☐〇〇〇☐　☐〇〇〇☐

☐〇〇〇☐　☐〇〇〇☐　☐〇〇〇☐　☐〇〇−☐

最後のボートが 1 人のとき…25人

☐〇〇〇☐　☐〇〇〇☐　☐〇〇〇☐　☐〇〇〇☐　☐〇〇〇☐

☐〇〇〇☐　☐〇〇〇☐　☐〇〇〇☐　☐〇−−☐

　子どもたちは，図だけでは終わらず，「式でもできる！」
と言って，27 − 1 ＝26，27 − 2 ＝25と，式でも答えを求め，
授業は終わりました。

授業例

「正六角形の面積は求めやすい？」（5年／面積）

次の正多角形の面積を求めましょう。

外側の円の半径は，どちらも 5 ㎝です。

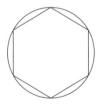 

038

左が正六角形，右が正十二角形です。子どもたちに，

　「正六角形と正十二角形どちらが求めやすそう？」

と問うと，全員が「正六角形」と答えます。理由を聞くと，「6個の正三角形に分けられるから」「今までに習った台形に線1本で分けられるから」と子どもたちは言います。

　子どもたちが言うように，正六角形の面積から取り組んでみます。すると，多くの子が，「5×5÷2×6」という式を書いていました。式の意味を聞くと，

　「正六角形を6つに分けてできる正三角形の底辺は円の半径と同じだから5cm，そして高さも半径5cmだから5×5÷2で正三角形1つ分が出る」

と言います。そこで，その発言に乗っかり

　「もう解決しちゃったね」

と言うと，「してないしてない！」と反論の声が。

　「半径は5cmだけど，高さ
（太線部）は半径の中に入っ
ているから5cmより短い！」
と言うのです。つまり，正六
角形を6つに分けてできた正
三角形の面積は高さがわから

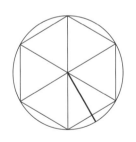

ないので上手く求められないことが見えてきました。

　全員が求められないからこそ，苦手な子も積極的に関わってきた1時間でした。

「日常の中の問題」で，
算数のよさを感じさせる！

　実は日常生活には，算数の問題がたくさん隠れています。それをそのまま算数の授業にするだけでも非常におもしろい問題になります。

　子どもたちが日常生活に算数の問題があふれていることを知るきっかけになりますし，算数を使ってそういった問題を解決できることもわかります。

　日常生活から問題をつくるためには，普段生活している中で，気になったことをメモしたり，写真に撮ったりする習慣をつけておくとよいでしょう。**経験的に多いのは，「値段」に関するもの**です。いつでも算数のアンテナを張って生活することが大切です。

 授業例

「どちらがお得？」（5年／割合）

　電器店に行くと，いつもポイント還元セールをやっています。そこで，「なぜ直接割引せずにポイント還元にするのだろうか」と疑問に思ったことをきっかけにつくったのが，次の問題です。

けんたくんは，電器店に行きました。

A　20%ポイント還元セール

B　20%引きセール

AとBのセールは，どちらがお得でしょうか。

※ポイントは1ポイント＝1円で，次回の買い物に
　使えます。

　子どもたちの意見は，ほとんどが「AもBも，お得さは同じ」というものでした。

　そこで，実際にお得さが同じになるのか確かめます。これまでの学習を生かして，

　「30000円のゲーム機を買ったとしたら…」

と仮定して話を進めていくことにしました。

　30000円のゲーム機を買うとき，AとBの場合それぞれいくら払うのかというと，以下のようになります。

　A　そのまま30000円

　　　（ポイントを30000×0.2＝6000円分をもらう）

　B　30000×（1－0.2）＝24000（円）

当たり前ですが，ゲーム機だけを買う場合はBがお得なのがわかります。

しかし，これに対して，
「Aはポイントが6000円分返ってくるから実質30000－6000＝24000（円）で同じじゃないの？」
という意見が出ました。

そこで，セール期間中に2回目に来店したときのことを考えます。話をわかりやすくするため，今度はポイント分と同じ6000円のゲームソフトを買ったと仮定することにしました。

すると，今度は以下のようになります。

A　ポイント6000円分を使うので0円（タダ）

B　6000×（1－0.2）＝4800（円）

つまり，30000円のゲーム機と6000円のゲームソフトを買うのに，それぞれ以下の金額を支払っています。

A　30000＋0＝30000（円）

B　24000＋4800＝28800（円）

ゲーム機とゲームソフトを買った場合でも，Bの方がお

得なのです。

　では，Aの20％ポイント還元セールは，実質何割引きなのでしょうか。

　ゲーム機とゲームソフト36000円を30000円で買ったわけですから，

$$(36000 - 30000) \div 36000 = \frac{1}{6} = 0.166\cdots$$

より，約16〜17％引きセールと同じくらいだということがわかります。

　最初は私自身も，ポイント還元にするのは，あくまで同じ店にもう一度来てもらいたいからというだけで，お得さはどちらも変わらないものと子どもたちと同じように思っていました。しかし，**実際にはこのように割引率に差があることに大きな驚きを感じ，それを子どもたちにも味わってほしいと思って授業化したのです。**

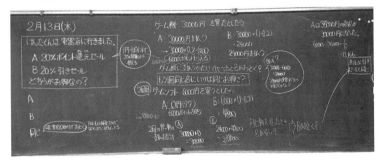

「ゲームのトリックの追究」で，算数的な内容を深める！

　子どもたちはレクリエーションやゲームが大好きです。ですから，算数の授業にも，もっとそういった要素を入れていくとよいのではないでしょうか。そうすることで，普段はなかなか算数の授業に積極的になれない子も，少し前向きになってくれるかもしれません。

　ただ，気をつけなければいけないのは，ゲーム化の目的を忘れないことです。算数の授業では，ゲームをする場面だけが盛り上がってもまったく意味がありません。**目的はあくまで，ゲームから算数的な内容を深めていくこと**です。ですから，むやみやたらにゲームにすればよいわけではないということはつけ加えておきます。

　おすすめは，先生が必ず勝てるような必勝法のあるゲームにすることです。そうすることで，

　「なんで先生はいつも勝つんだろう？」

　「先生に勝ちたい！」

と子どもたちはそのトリックを追究しようとし始めます。**そのトリックを追究する過程にこそ，算数的な価値がある**のです。

「どっちが多くカードを取れる？」（5年／倍数と約数）

下のような7枚の数カードがあります。

$\boxed{1}$　$\boxed{2}$　$\boxed{3}$　$\boxed{4}$　$\boxed{5}$　$\boxed{8}$　$\boxed{16}$

先生は「12をわりきれる数」を取ることができ，みなさんは「16をわりきれる数」を取ることができます。

先生とみんなで交互にカードを取っていき，最後にカードを多く持っている方の勝ちです。

　上のルール説明をした後，以下のような流れで子どもたちとゲームをしていきます。

T　まずは先生からやりますね。
　　$\boxed{4}$を取ろうかな…。

C　ぼくは，$\boxed{8}$にします。

T　う～ん，じゃあ$\boxed{2}$にしようかな。

C　16をわりきれる数だから，一番大きい$\boxed{16}$を取ろう。

T　$\boxed{1}$を取りますね。
　　（$\boxed{3}$と$\boxed{6}$だけ残されている）

C　あれっ？　ぼくが取れるカードがもうないよ。パスするしかないな…。

T　…ということは，もう先生が残りの$\boxed{3}$と$\boxed{6}$の2枚も

らえるってことだね。

　先生は 5 枚，みんなは 2 枚だから先生の勝利ですね。

やったー！

　こうして先生が勝利すると，子どもたちは，

　「ひどい！　絶対なんか先生は仕組んでいるはず。今度

は，私たちに先攻でやらせてよ」

と言ってきました。

　そこで，先攻と後攻を入れ替わって，もう一戦やってみ

ます。

T　じゃあ，今度はみんなが先攻でやっていいよ。

C　これで今度は勝ちだね！

C　１

T　２

C　８

T　４

C　16

T　３

C　あれっ？　６は取れないからパスだ。

　　また，負けてしまった…。

T　ほらね。

　　先生はズルなんかしてなかったでしょ？

こうしてまた先生が勝利しました。ところが，それでも子どもたちは怪しんでいます。

　そこで子どもたちに，

「じゃあ，どうやったら勝てるのか考えながら，隣の人と一緒にやってみよう」

と言って，隣同士でゲームをやってもらいました。

　すると，子どもたちから勝ち方につながる声がいろいろと聞こえてきます。

「先生は 2 と 4 を取っていたな…」

「これって，結局3枚勝負じゃん！」

　私は，

「『3枚勝負じゃん』って言っている人がいるんだけど，どういうこと？　カードは7枚あるんだから，7枚勝負でしょ？」

と少しとぼけて問い返します。

　すると，子どもたちは， 1 　 2 　 4 の3枚で勝負が決まると主張します。

「だって，7枚の中で 1 　 2 　 4 だけが先生も私たちも取れるカード。つまり，12と16を両方わりきれる数です」

と言い，別の子がカードを振り分けながら，

「 3 　 6 は，12をわりきれる数だけど，16をわりきれないから，もともと先生しか取れないし， 8 　 16 は16をわりきれる数だけど，12をわりきれないから，私たちだけしか取れない。だから， 3 　 6 　 8 　 16 の4枚は勝負

には関係ない」

というのです。

　このことから，先攻を選択し，$\boxed{1}$　$\boxed{2}$　$\boxed{4}$のうち2枚を取れば勝ちが決まることがわかりました。

　最後に，子どもたちが並べ替えたものを囲んで，ベン図のように整理し，「約数」や「公約数」という用語を教えて授業を終えました。

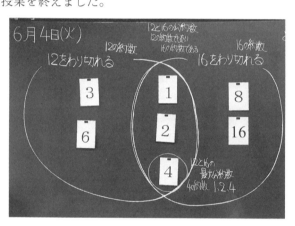

第2章
「問題提示」で
しかける！

「一瞬だけ見せて隠す」ことで，数学的な見方・考え方を引き出す！

　一瞬だけ見せたものを隠すと，子どもたちは当然，「見たい！」と強く思うでしょう。ですから，それだけでも子どもたちの意欲や関心を引くことができます。

　しかし，隠すことで得られるのは，意欲や関心だけではありません。**隠したことで，子どもたちは次の提示を注意深く見ます。**1回目はただ全体を漠然と見ていただけかもしれませんが，ある視点を決めて子どもたちは見ることになります。その視点こそが，「数学的な見方・考え方」につながる大切な要素になってきます。

「●の数は何個？」（2年／かけ算）

　下の図を，子どもたちに一瞬だけ見せて隠しました。

そして，子どもたちに，

「●の数はいくつありましたか？」

と問いましたが，子どもたちからは，

「早過ぎる！」「これじゃわからない！」

と大ブーイングが起こり，もう1回見せてほしいという要望がありました。

そこで，次も一瞬しか見ることはできないことを告げ，

「次に図を見たら，どこに注目するの？」

と尋ねました。

すると，子どもたちからは，

「どのように●が並んでいるのか」（形）

「1辺に●が何個並んでいるのか」（数）

という2点があげられました。

この場面，もしも最初から普通に図を提示してしまっていたら，子どもたちはただ●を数えて終わっていたかもしれません。隠して提示したことによって，●の数を求めるための視点が子どもたちから出てきたのです。

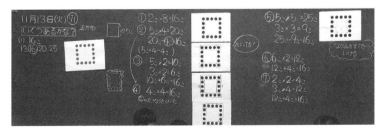

「おはじきの数は何個？」（1年／10より大きい数）

　1年生では，こんなシンプルな授業もできます。下のように置かれたおはじきを一瞬見せます。

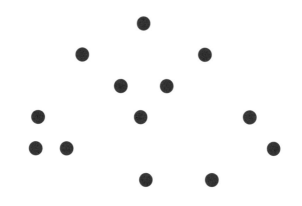

　そして，

　「おはじきは何個ありましたか？」

と尋ねます。すると，先の2年生と同じように，子どもたちは口々に，

　「わからない！」

と言います。

　そこで，

　「なんでわからないの？」

と尋ねると，

　「だって，おはじきがバラバラだもん」

　「きれいに並べてほしい！」

という声が起こりました。

そこで，代表の子を前に呼んで，その子だけ見える状態にして，おはじきを並べ替えてもらいました。

　そして，そのおはじきの様子を再び数秒だけ他の子たちに見せました。

　すると，上のような並びが見えた瞬間，
「13だ！」
という声が起きたので，すかさず，
　「なんで今度はすぐにわかったの？」
と尋ねると，子どもたちからは，
　「10とバラに分けているからすぐにわかった！」
という声が上がり，「10といくつ」に分けて表現するよさを共有することができました。

　この授業では，隠すことで子どもたちの「きれいに並べたい」という意欲を引き出し，10とバラに分けるという本時で大切にしたい見方・考え方につなげていくことができました。

「□を使う」ことで，
見方を顕在化させ，問題の発展を促す！

　問題文に□を使うことのよさは，どこにあるのでしょうか。ただ，やみくもに何でも□にして，結局先生が一方的に伝えるのでは何の意味もありません。それならば，最初から数を提示するのと変わらないからです。

　私は，大きく２つのよさがあると考えます。

　１つは，子どもたちの見方が顕在化することです。

　例えば，１年「３つの数のたし算」で，以下のような授業をしました。次の式を黒板に提示します。

$$9 + \square + 7$$

「□の中に簡単だと思う数を入れてみよう」

　そして，このように子どもたちに投げかけました。

　すると，「０」「10」「１」「３」「４」といった意見が子どもたちから出てきました。

　このように，□に何を入れるかを子どもたち自身に決定させることで，この問題に対してどのように向き合っているのかが見えてきます。これが「見方の顕在化」です。

　ここで子どもたちが決めた数から，それぞれの子がどのように考えたのかがわかります。

① 「0」と考えた子

0のたし算になるので，何もたさないことを簡単と考えている。

② 「10」と考えた子

10のかたまりをつくって計算するよさを意識している。

③ 「1」と考えた子

9と1で10のかたまりをつくって計算しようとしている。

$$9 + 1 + 7$$
$$10$$

④ 「3」と考えた子

3と7で10のかたまりをつくって計算しようとしている。

$$9 + 3 + 7$$
$$10$$

⑤ 「4」と考えた子

4を3と1に分解し，9と1，3と7と10のかたまりを2つつくって計算しようとしている。

□を使うことで，だれがどのような見方をしているのか
が見えてきたわけです。そしてここから，自分以外の見方
と出合わせ，なぜそのように仲間は考えたのかを議論して
いくことができます。

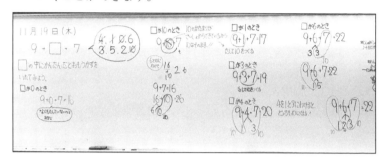

　そして，問題文に□を使うことのよさの２つ目は，**発展
の余地が生じること**です。

　ある数や言葉を□に入れて，とりあえず問題を解決した
とします。しかし，それで終わりとしてしまうのではなく，
□を違う数や言葉に変えることで，新しい問題へと発展す
るのです。

　このやり方は，授業内で扱うこともももちろんできますし，
後の章で詳しく紹介する自主学習へとつなげることも考え
られます。

　次ページの問題は，発展させた場合の具体例です。

最初の問題

赤玉と青玉が120個あります。

赤玉は青玉の 2倍 です。

赤玉と青玉はそれぞれ何個ありますか。

発展させた問題

赤玉と青玉が120個あります。

赤玉は青玉の 2倍より2個多い です。

赤玉と青玉はそれぞれ何個ありますか。

「問題文をゆっくり書く」ことで，
子どもの対話を生み出す！

　研究授業を参観していると，あらかじめ画用紙に書いておいた問題を黒板に貼って，子どもたちに提示する場面を見かけることがあります。その理由をうかがってみると，「授業で問題を板書している時間がむだ」ということなのです。

　しかし，問題を板書する時間は，本当にむだなのでしょうか。私は子どもたちと問題文をその場で一緒に書くことには，いくつかの効果があると考えています。

　まず，大抵の授業で子どもたちは問題文をノートに写すでしょう。画用紙に書かれた問題を貼られると，問題文を書くのが速い子と遅い子で大きな差が生まれます。ですから，ゆっくり問題文を区切りながら書いていくことで，子どもたちの書くペースをそろえることができます。

　次に，問題をゆっくり間を取りながら書いていくことで，子どもたちは問題文の状況を頭の中で想像することができます。算数は，具体的な状況をイメージしながら考えていくことが重要な教科です。例えば，
　「子どもが公園で遊んでいます」

この1文だけでも，子どもたちはいろいろな状況を想像し，言葉を交わすでしょう。

「何をして遊んでいるのかな？」

「サッカーじゃない？」

「野球かな？」

「いや，鬼ごっこじゃない？」

「子どもは何人いるのかな？」

　こういった対話を意味がないものと捉えてはいけません。子どもたちが主体的に問題に関わっているからこそ，このような言葉が生まれてくるのです。子どもたちの素直な言葉を楽しみながら授業を進めていくことで，教室に発言しやすい空気をつくっていくのです。

授業例

「利益はあるの？」（5年／割合）

　子どもたちが問題文に働きかける力が育つと，問題文をゆっくり書くだけで，問いが生まれることもあります。

　5年生の「割合」の授業で，次のようにゆっくり書いたところで，少し間を取りました。

> 　ある店で，仕入れ値の3割の利益を見込んで定価をつけました。
>
> 　しかし，売れないので3割引で売ることにしました。

すると，ある男の子から

「意味ないじゃん」

という声が上がりました。3割増して3割引したのだから，仕入れ値に戻って得も損もしないと考えたのです。

　しかし，それに対して

「いや，損する」

という声も上がりました。

> ### 利益はあるのか，ないのか？

　今日考えていくべき問いが生まれた瞬間です。もし問題を書いた画用紙で一気に提示していたら，こちらが一方的に示さなくてはいけなかったはずです。**問題文をゆっくり書いていくことで，子どもたち自身の問いになったのです。**

　その後は，100円のノートを買ったとして具体的に考えていきました。

　仕入れ値：<u>100円</u>
　定　　価：$100 \times (1 + 0.3) = 130$　<u>130円</u>
　売　り　値：$130 \times (1 - 0.3) = 91$　<u>91円</u>

　つまり，仕入れと売値を比較すると，
　100（仕入れ値）－91（売値）＝9
で，9円の損になることがわかりました。最初に損も得も

しないと考えていた子は驚きました。そして，以下が次の問いになりました。

> なぜこのようなことが起こるのか？

するとある子が，
「主語が違うんだよ！」
と言いました。
　どういうことかというと，3割増しして，3割引しているのには違いないのですが，仕入れ値の3割増をして，定価の3割引をしているので，「もとにする量」が違うというわけです。この「もとにする量」のことを前述の子は「主語」と表現したわけです。

　問題文をゆっくり書いたことで生まれた子どもたちの問いからスタートし，最終的には「もとにする量」が何であるかが大切であることを子どもたちはしっかりと理解することができました。

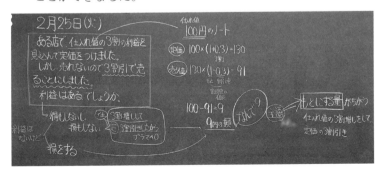

「求答文を考えさせる」ことで，
多様な問題を生み出す！

　教科書や問題集，ドリルに掲載されている算数の問題は，基本的に完成されています。

　しかし，あえて求答文（何を求めるのか）を示さないようにすると，子どもたちがどのような問題にするのかを考えることになります。

　このようにすることには，2つのメリットがあります。

　1つは，子どもの**理解度を確認することができる**ことです。求答文を言えるということは，当然ある程度問題の内容が把握ができているということだからです。

　例えば，とてもシンプルですが，以下のような問題文があったとします。

バスに9人乗っています。
次のバス停で4人乗ってきました。

[　　　　　　　　　　　　　　　　]

　最後の部分の求答文を考えさせると，
「あわせて何人になったでしょうか」

「全部で何人の人が乗っていますか」

「合計何人の人が乗っているでしょうか」

といった声が上がるでしょう。

　このような声を上げられるということは，問題文自体の理解はできているといってよいでしょう。

　一方で，声が出せない子は，もしかしたら問題の内容が把握ができていないかもしれません。このまま問題解決に入ってしまうと，問題の内容自体がわかっていないわけですから，自力解決中，何も考えることができなかったり，まったく違う方向のことを考えてしまったりすることになります。

　一見小さなことですが，このように，最後の求答文を聞くだけでも，問題把握の状況を見取ることができます。この方法は明日の授業からだれでもすぐにできることです。

　2つ目のメリットとして，**複数の問題をつくることができる**ということがあげられます。問題文によっては，最後の求答文次第で，多様な問題をつくることができます。1つの問題から複数パターンを扱うことができるわけです。

　2年「図を使って考えよう」の授業を例に考えます。

校庭で子どもがあそんでいます。

男の子が11人，女の子が8人あそんでいます。

このように問題文を提示しました。

子どもたちは，

「問題文がどっちかわからないよ」

と言います。「どっち」という言葉から，子どもたちは2つの問題を想定していることがわかります。そこで，

「どんな問題が考えられるの？」

と子どもたちに問い返しました。すると，次の2つの求答文が子どもたちからあげられました。

①あわせて何人の子どもがいますか。
②男の子と女の子の違いは何人ですか。

この時間では，「たし算」と「違いのひき算」の2種類のテープ図を見せて比較したいと思っていました。子どもたちから①②が出されたことにより，あとは子どもたちがつくった問題を使いながら授業をすることができるようになったわけです。

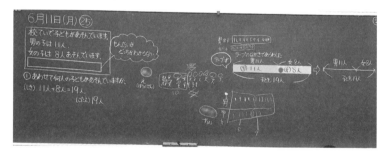

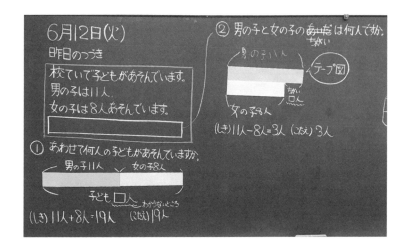

　この授業は，2時間に分けて行いました。

　1時間目は，まずは①（たし算）について考えました。
これまでのようにまずは絵や●の図をかいて子どもたちは
考えていたので，それをテープを使って簡略に表したもの
がテープ図だということを伝えました。

　2時間目は，②（違いの引き算）の場合にテープ図はど
のようになるのかを考えていきました。すると，1時間目
とは違い，上下2本のテープ図になることが見えてきまし
た。

「条件不足・条件過多にする」ことで，
問題に働きかける態度を育む！

　子どもたちは，完成された問題を解くことに慣れています。そうなると，何も考えずに問題文に出てくるいくつかの数を，たし算の学習中にはたし算したり，ひき算の学習中にはひき算したりして，本当はよく理解していないのに正解しているかもしれません。

　これらは，子どもたちが積極的に問題に働きかけている姿とは程遠いものです。

　そこで，問題文の条件を不足させてみたり，増やしてみたりすることを考えてみましょう。ここでは，条件を不足させることを「条件不足」，条件を必要以上に増やすことを「条件過多」といいます。

　条件不足や条件過多にすると，子どもたちが

　「これだけでは解けないんじゃない？」

　「この数は使わないよ！」

と条件の過不足を指摘したり，

　「…だったらAになるけど，…だったらBってことになるんじゃない？」

と子どもたち自身で仮定しながら考えていく姿勢が生まれます。

「2人の間の人数は？」（1年／たすのかな，ひくのかな）

次のような問題を子どもたちに投げかけます。

> 12人の子どもが1列に並んでいます。
> あきらさんは，前から7番目です。
> さきさんは，前から2番目です。
> あきらさんとさきさんの間には何人の人がいますか。

子どもたちは，さっそく問題場面をノートに以下のような図で表します。

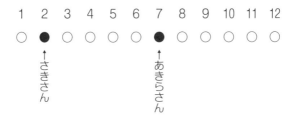

この時点で，答えが4人になることはわかりました。

ただ，ここで終わりではありません。子どもたちはこれを式でも解決できると言い，

7 − 2 = 5

5 − 1 = 4

という式を発表しました。

しかし，納得する子もいれば，よくわからないという子もいます。すると，ある子が先ほどの図を使って説明を始

めます。

「7は，あきらさんまでの人数でしょ？」

「うん」

「2は，さきさんまでの人数でしょ？」

「うん」

「だから，7－2＝5をすると，この部分（図の灰色の）がわかるの」

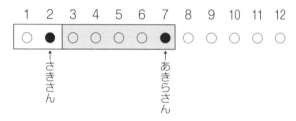

「あー，なるほど。じゃあ，次の式の5－1の『－1』は，あきらさんをひくってことだね」

ここで，式の解釈が終わります。

さらに，続けて，

「あきらさんより後ろに何人いても関係ないから，『12人の子どもが1列に並んでいます』というのはいらないってことか」

と，最初の1文目の条件は不要であるということがわかります。

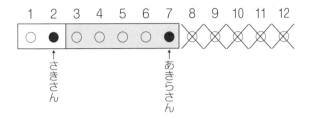

そこで，私は子どもたちに，

「『12人の子どもが１列に並んでいます』が必要な問題にするには，どうしたらよいのかな？」

と尋ねてみました。

すると，下のように，「後ろ」からに変えると，１文目の「12人の子どもが１列に並んでいます」という条件が必要になることがわかったのです。

> 12人の子どもが１列に並んでいます。
> あきらさんは，前から７番目です。
> さきさんは，後ろから２番目です。
> あきらさんとさきさんの間には何人の人がいますか。

条件過多を指摘するだけではなく，その条件を生かすための問題づくりをすることで，より深い問題の理解ができました。

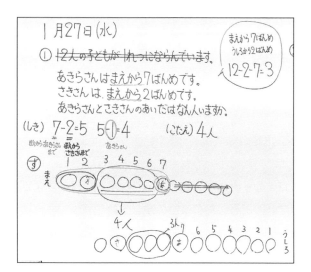

「つないだテープ」（2年／長さ）

> 1m50cmのテープと84cmのテープをつなぎました。
> できたテープの長さは何m何cmでしょう。

　上の問題を提示すると，多くの子はすぐに以下のような
式を書きました。

　1m50cm＋84cm＝<u>2m34cm</u>

　そんな中で，数名が何やら首をかしげています。その子
たちに何を悩んでいるのか聞くと，

「のりしろ（つなぎ目）があると，短くなるよ！」
と言うのです。

　子どもたちは，実際にテープを自分でつなげていく場面を想像し，のりで貼る部分だけ短くなると考えていたわけです。そこで，のりしろが3cmだとしたらどうなるのかを考えていきました。

　ここで，スムーズに解決かと思いきや，子どもたちからは先ほどの答えを利用して，2つの式が発表されました。

①2m34cm－3cm＝<u>2m31cm</u>

②3cm×2＝6cm
　2m34cm－6cm＝<u>2m28cm</u>

　②の子は，2つのテープが重なるので3cmを2つ分ひかなければいけないと考えたのです。

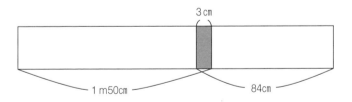

　しかし，テープ図をかいてみると，重なりの部分（灰色）は2つ分ひくとなくなってしまいます。つまり，1つ分，3cmだけひけばよいので，①でよいことがわかりました。

条件不足にすることで，のりしろがない場合とのりしろがある場合の2つがあることが指摘され，それぞれの場合について考えることができました。さらに，のりしろがないときの式をのりしろがある場合に生かしていけることも，子どもたちにとっては大きな発見だったようです。

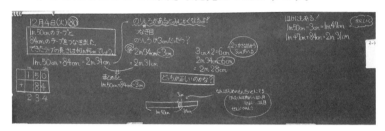

第3章
「板書」で
しかける！

「つぶやきを可視化する」ことで，
子どもの心情や思考を引き出す！

　授業後の黒板を見返したときに，先生の言葉だけしか書いていないということはありませんか。子どもたちと創っていく授業を目指すのであれば，やはり子どもたちの言葉であふれている黒板にしていきたいものです。

　その中でも特に残したいのが，子どもたちの「つぶやき」です。「つぶやき」は，手をあげてきっちり発表するほどの自信はないけれど，ついつい自分の思考や感情が外に出てしまった声です。

　では，なぜこの「つぶやき」を残した方がよいのでしょうか。それは，上述のように「つぶやき」が自信のなさから生まれた声だからです。一度聞き逃したら，もうその言葉は二度と出てこないかもしれません。だからこそ，「つぶやき」を黒板に板書しておくと，子どもたちの声が消えずに可視化されます。たとえ「えーっ！」「なんで？」という短い言葉であっても，そのときの子どもたちの心情や思考がギュッと詰まっているのです。

　また，そういったつぶやきが，問題を解決するための大きな糸口となることもよくあります。そのようなせっかくのすばらしいつぶやきも，泡のように一瞬で消えてしまいます。だからこそ，黒板に記録しておくのです。

「ぜんぶで何人？」（2年／たし算とひき算）

　ここで紹介するのは，つぶやきを記録しなかったことで失敗した授業です。まずは，問題文だけを見て，ぜひご自身で答えを出してからご覧ください。

> 　子どもが1列に並んでいます。
> 　けんたくんの前には，6人の人がいます。
> 　ふみえさんの後ろには，5人の人がいます。
> 　けんたくんとふみえさんの間には2人の人がいます。
> 　全部で何人の子どもが並んでいますか。

　問題文を書いていると，ある1人の子が，

　「けんたくんとふみえさんはどちらが前なの？」

とつぶやきました。

　それに対してまわりの大勢の子たちが，

　「けんたくんが前に決まっているよ」

と言い，そのつぶやきはかき消されてしまいました。

　後に，この子のつぶやきをきちんと記録しておけばよかったと後悔することになります。

　授業前半。子どもたちから「13人」「15人」という2つの答えが出ました。答えは「15人」なのですが，「13人」の子に対して，多くの子が「気持ちわかるよ」と言っています。そして，1人の子が6＋5＋2＝13から13人と考え

たのではないかなと推測します。

　ここで，「13人」と思っていた子は，

　「あっ！　間の2人を忘れていた」

と言って答えを15人に修正しました。このような修正はとても立派なことです。一方で，私や多くの子は「13人」と考えた子は「けんたくんとふみえさんの2人を抜かしている」と思っていました。しかし，この発言からそうではないことがわかりました。

修正前

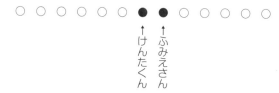

修正後

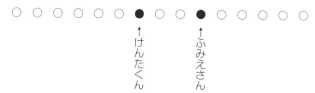

　これにより，

　$6 + 5 + \underline{2 + 2} = 15$（人）ということがわかりました。

　しかし，この問題のおもしろさはこの後にあります。そのときに大切になってくるのが，最初の子の，

　「けんたくんとふみえさんはどちらが前なの？」

という言葉なのです。

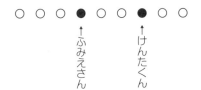

　実は，上の図のような「9人」の場合も，きちんと問題文の条件に当てはまり，答えになるのです。最初の女の子がつぶやいたように，「けんたくんが前でふみえさんが後ろ」という思い込みを打ち破ることが必要なのです。

　私は，この感動を授業後半にもってきたかったので，問題文を書いた時点ですぐに出たこの鋭いつぶやきを，あえて板書しませんでした。そして，授業後半にもう一度このつぶやきを思い出させようと計画していました。

　しかし授業後半には，まわりの子も，そしてつぶやいた子自身も，何をつぶやいたのかをすっかり忘れていました。**「つぶやきは，その瞬間を逃すと消えてしまう」**という怖さを痛感した1時間です。

　ちなみに，今，もし同じ場面に出くわしたとすると，

　「けんたくんとふみえさんはどちらが前なの？」

　「けんたくんが前に決まっているよ」

というつぶやきからのやりとりをそのまま板書しておき，

　「本当にけんたくんは前と決まっているのか？」

と，もう一度考えてみる足がかりにすると思います。

「名前でラベリングする」ことで，着目する視点を与える！

　算数で最も大切なのは，既習を使って，未知なる課題に立ち向かっていく力だと思っています。

　ですから，算数の授業では，前の時間に学習したことを使って，次の時間も問題解決を行いたいものです。そのための１つの方法が，子どもたちの名前を発言と共に書いておくことです。「別に発言内容だけでもいいのではないか」と思われるかもしれません。しかし，子どもの名前をつけることで，その考えにラベリングすることになります。ラベリングすることで，**その子の名前１つで前の既習がクラス内で共有される**のです。

　例えば，前の時間にＡさん，Ｂさん，Ｃさんのそれぞれの発言を板書したとします。すると，次の似たような問題のときにも，

　「Ａさんの言っていたことが使えそう！」

　「Ｂさんのやり方は今回の問題では無理じゃない？」

　「Ｃさんのやり方でもやれるかもしれないよ」

などという声が生まれやすくなります。

　子どもの名前から，その子が前に発言したことの内容がクラスで共通認識されるというわけです。

このことは授業を通じた学級経営にもつながります。**発表した子を板書で価値づけていることになる**からです。

　また，「思考力・判断力・表現力」や「主体的に学習に取り組む態度」の評価は，ペーパーテストだけでは不可能で，授業で子どもたちがどのような発言をしたのかを覚えておくことがとても重要です。そういった意味で，発言内容と共に子どもの名前を書いておき，授業後に板書の写真を撮っておくと発言の記録にもなります。

<table>
<tr><td>授業例</td><td>「九九のきまり」（2年／かけ算）</td></tr>
</table>

$$5 \times 1 = 5$$
$$5 \times 2 = 10$$
$$5 \times 3 = 15$$
$$5 \times 4 = 20$$
$$5 \times 5 = 25$$
$$5 \times 6 = 30$$
$$5 \times 7 = 35$$
$$5 \times 8 = 40$$
$$5 \times 9 = 45$$

　かけ算九九の5の段を見て，子どもたちが気づいたことをあげてもらいます。それを，以下のように名前と共に記録しておきました。

Aさん
5×1と5×9，5×2と5×8，5×3と5×7，
5×4と5×6を結ぶと，50の虹ができる。

Bさん
答えの一の位が5→0を繰り返している。

Cさん
答えの十の位が，1→1→2→2→3→3のように，2つ
ずつ並んで増えていっている。

　そうすると，次に同じように3の段で気がついたことを
発表してもらうときに，5の段のときに出された視点を参
考に見つけていく子が多数いました。

3×1＝3
3×2＝6
3×3＝9
3×4＝12
3×5＝15
3×6＝18
3×7＝21
3×8＝24
3×9＝27

Ａさんの考え

３×１と３×９，３×２と３×８，３×３と３×７，
３×４と３×６を結ぶと，30の虹ができる。

Ｂさんの考え（一の位に注目）

①一の位が分けられない数（奇数）と分けられる数（偶
　数）が交互に出る。

②一の位が３→6→9→２→5→8→１→4→7と３
　つ飛ばしで見ていくと１ずつ減っていく。

③一の位に１〜９のすべての数が登場する。

Ｃさんの考え（十の位に注目）

答えの十の位が，０→０→０→１→１→１→２→２→２の
ように，３つずつ並んで増えていっている。

　つまり，**名前でラベリングすることは，着目する視点を
与える**ということです。「Ｂさんのように一の位を見ると
どんなきまりがあるだろう」「Ｃさんのように今度は十の
位を見てみよう」と次の似たような学習をしたときの拠り
所になります。

　そして，そのたびに名前が出るＡさん，Ｂさん，Ｃさん
も，自分の考え方が次に生かされていることに喜びを感じ
ていました。**名前をつけておくことは，子どもを認めるこ
とにもつながる**ということです。

「子どもに黒板を開放する」ことで，
相手に伝えたい気持ちを育む！

　授業を子どもたち中心で行いたいのだとしたら，子どもたちも黒板を使えるようにしてもよいのではないでしょうか。子どもたちは，黒板に書くというだけでもワクワクします。

　しかし，黒板は先生だけが使う場所になりがちです。なぜそうなってしまうのかというと，先生が「黒板は授業の要点をきれいにわかりやすく図解する場所」と捉えているからではないでしょうか。

　確かに，板書で授業の要点がわかるようにすることは必要です。ただ，それ以上に，子どもたちとどのように授業を創り上げてきたのかという過程が見える方が大事ではないでしょうか。そう考えると，**多少きれいでなくなったとしても，子どもたち自身の考えが残される板書**を目指したいものです。決して，「映える板書」を目指してはいけないのです。

　一方で，「子どもたち任せの板書」でもいけません。板書は，１時間の授業の流れが見えるものでなければいけないからです。板書計画の段階で，板書のどこを先生が書き，どこを子どもに開放するのかを考えておく必要があります。

「全部できるの？」（5年／整数）

> $\boxed{1}$ $\boxed{2}$ $\boxed{3}$ $\boxed{4}$ $\boxed{5}$ の5枚のカードがあります。
> このカードをたしたり，ひいたりして答えを求めましょう。

まずは，最大の答えを子どもたちに聞きます。

子どもたちは，

「そりゃ，すべてたし算のときでしょ」

と言って，「15」と答えを導きます。

$$5 + 4 + 3 + 2 + 1 = 15$$
$$3 + 2 + 5 + 4 + 1 = 15$$

上のように，カードの順番を入れ替えてもよいことも確認しておきます。

その後，

「1〜14までの答えがすべてできるのかな？」

と聞いてみると，

「ひき算を使えばできるんじゃない？」

「できないものもあるかもよ」

と意見が2つに割れました。

そこで，しばらく時間を取って，各自で1〜14までの答

えを探していきます。

その間に，私は黒板の下の方に以下のようなスペースをつくっておきました。

1	3	5	7	9	11	13
2	4	6	8	10	12	14

答えを見つけた子から前に出てきて，式を書けるようにスペースをつくったのです。

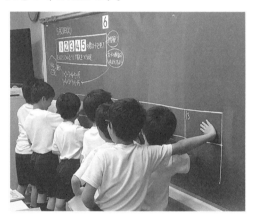

上の写真のように，終わった子どもからどんどん前に出てきて書いていきます。これは，自力解決の時間差の解消にもつながります。

書き終わった後に，黒板を見てみます。

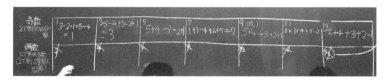

すると，上の段の「1」「3」「5」「7」「9」「11」「13」「15」の答えは見つかりましたが，下の段の「2」「4」「6」「8」「10」「12」「14」の答えが見つかりませんでした。

　ここで，上の段の「1」「3」「5」…のように2でわると1あまる数のことを「奇数」，下の段の「2」「4」「6」…のように2でわりきれる数のことを「偶数」ということを押さえました。

　つまり，『奇数』の答えの式はすべて見つかりますが，『偶数』の答えの式は見つからなかったわけです。なんとも不思議なことがおきました。

　この後，子どもたちと，なぜ奇数の答えしか見つからないのかについて考えていくことにしました。

　すると，子どもたちから，次ページの写真のような図が出されました。このような説明のための図も，先生がきれいなものを板書するのではなく，子どもたち自身にかかせていきたいものです。なぜなら，**子どもたちの中に「仲間にわかりやすく伝えたい」という想いが生まれたときに図が必要になるからです**。このような，「相手に伝えたい」という気持ちを，算数の授業を通して培っていきたいのです。

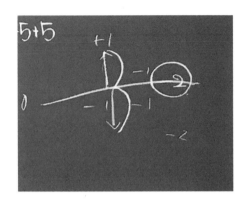

　さて，上の図はどのような意味かというと，＋1を－1
に変えるとき，＋1が0にリセットされるだけではなく，
さらに－1になります。つまり，答えが1×2＝2だけ小
さくなります。

　他の場合でも○×2だけ，つまり必ず偶数だけ小さくな
るのです。ですから，最大の答えである15（奇数）から偶
数だけ減らすことはできないので，答えは奇数しかできな
いということです。

$$\boxed{3} + \boxed{4} + \boxed{2} + \boxed{5} \; + \; \boxed{1} \; = \; 15$$

$$\boxed{3} + \boxed{4} + \boxed{2} + \boxed{5} \; - \; \boxed{1} \; = \; 13$$

ちなみに，他クラスで授業をしたときには，説明は同じですが，下のような線分図をかいていました。

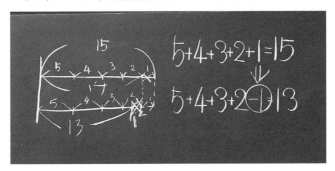

　子どもたちに黒板を開放すると，このような多様性も生まれます。

　明日の授業から，ぜひ子どもたちに黒板を開放してみてください。

「具体物を用意しない」ことで，
図をかこうとする態度を育む！

　算数の授業で，低学年の子どもたちがなかなか図をかこうとしない，という悩みをよく聞きます。

　しかし，**目の前に具体物や半具体物（ブロックなど）がある間は，そもそも図をかく必要性がないので当然**です。しかも親切に，先生も事前に黒板用に具体物・半具体物を準備していたりします。

　そこで，こういった準備をあえてやめてみることを提案します。

　すると，子どもたちが前に出てきて黒板を使って説明しようとしたとき，困ることになります。口だけで説明しようとしても，なかなか伝わりません。すると，友だちに自分の考えを伝えるために，なんとか工夫して視覚化しようとします。自らチョークを持って，図をかいたり，絵をかいたりするのです。

　こういった経験をしたり，見たりすることを積み重ねることで，子どもたちはだんだんとノートにも図をかくようになっていくのです。

下の例は，同じ場面をテープ図と○でそれぞれ説明している様子です。

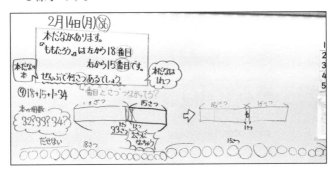

お金も，具体物を用意していなければ，自分でかいて工夫して説明しようとします。

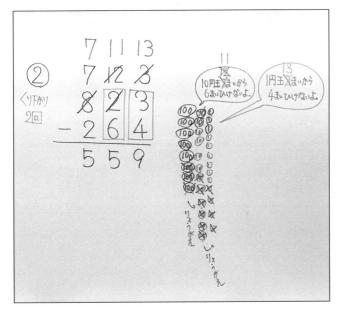

このように，先生の「子どもがわかりやすいように，具体物を用意してあげよう」という親切心が，子どもたちの図をかこうという気持ちを奪っているかもしれません。子どもたちは，ないならないで工夫して，きちんとその状況を乗り越えようとします。

第4章
「ノート指導」で
しかける！

「細かい制限をしない」ことで,
自分の考えを整理する力を引き出す!

　算数の授業において,子どもたちがノートを書く目的は何でしょうか。

　私は「自分の考えを整理するため」だと考えます。だとすると,どのように整理すればよいのかは,千差万別のはずです。

　しかし,一般的なノート指導では,ノートの使い方について,何から何まで事細かに決められがちです。場合によっては,ただ板書をそのままコピーしたようなノートを全員が書くことを強制されます。しかし,これでは何のためにノートを書いているのかわかりません。

　評価のためにノートを集めている先生も多いと聞きますが,このようなノート指導だと,ノートを回収しても,「字がきれいに書けているかどうか」といった,算数とはまったく関係ない部分しか見るところがなくなってしまうのではないでしょうか。

　6年間を通して,自分にとってどのような書き方が考えを整理しやすいのかを試行錯誤しながら,独自のノートの書き方を探っていくことこそが,将来にもつながる大事な

ことのはずです。

　ですから，私はノートには最低限のルールだけ決めて，あとは子どもたちに任せるようにしています。

　私が年度当初に子どもたちに伝えるルールは，以下の3つだけです。

①日付・曜日・ナンバーを書く。
②問題文を赤で囲む。
③基本的には1マスに1文字書く。

当たり前ですが，最初はなかなかうまくいきません。ですが，それでよいのです。次の2つの写真は，同じ授業を受けた子どもたちのノートです。

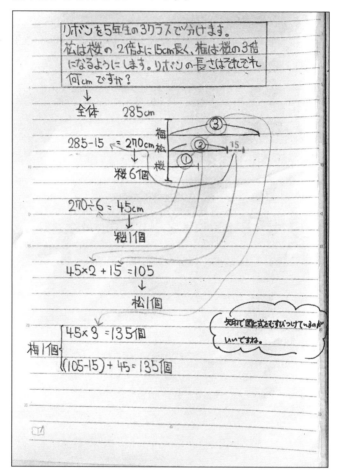

【参考文献】
・尾﨑正彦『小学校算数の授業づくり　はじめの一歩』（明治図書）

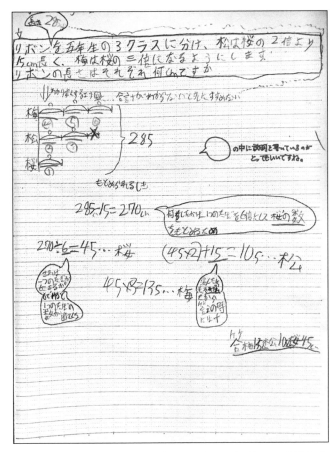

　図と式をつないでいる子もいれば，ふきだしで言葉を書いている子もいます。

　これを見て「どうせ算数が得意な子のノートでしょ」と思わるかもしれませんが，どちらも実は算数がどちらかというと苦手な子のノートです。

　子どもたちは自分でまとめる力をもっているのです。

「板書とノートを区別する」ことで，
自分なりに考える必要性を生み出す！

　板書はノートと同じように書かなくてはいけないと思っている先生がいるかもしれません。1行の文字数などを意識して書いている先生もいると聞きます。1年生の最初の方ならば，それでよいかもしれません。

　しかし，板書はあくまで授業内容を構造的・視覚的にまとめるものです。それに対して，ノートは自分なりに自分の思考や仲間の意見，大切なポイントをまとめていくものです。

　ですから，**むしろ板書がノートと同じ形式になっていない方が，自分なりに考えていく必要性が生まれます**。

　右のページは持ち上がりで2年間受け持った2年生の最後の方のノートです。どちらかというと算数を苦手としていた子です。さらに，最初のころはノートを書くのに苦労していました。

　しかし，最後の方には板書をここまでうまく自分なりにまとめることができているのです。つまり，**いきなりうまくまとめることはできませんが，日々自分なりにまとめる作業を積み重ねていくことで，ここまで書けるようになっていきます**。

子どものノート

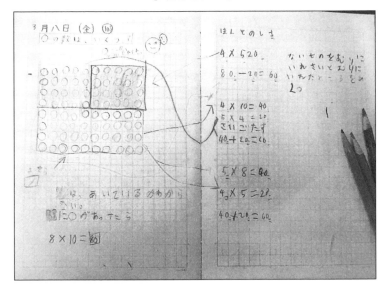

ノートと同じ授業の板書

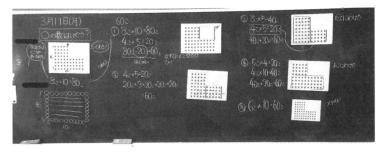

「子どものノートをお手本とする」ことで，自分なりのノートづくりを促す！

　前項で，自分なりにノートをまとめる作業を積み重ねていくことの重要性を書きましたが，「型もあまり決めずに自由にノートを書かせると，実際のところ，子どものノートはレベルアップしていかないのではないか」という疑問をもたれる先生もいらっしゃるでしょう。

　確かに，何もしないまま放っておいては，レベルアップはなかなか難しいでしょう。

　では，どうするかというと，お手本を示すのです。お手本といっても，模範的な"型"とは違います。

　子どもたちのノートを見ると，たとえ1年生であっても，次のようなすばらしい工夫をしている子がクラスに何人かいるはずです。

> ・黒板に書いていないけれど，自分が大切と感じたポイントを書いている。
> ・図をかいている。
> ・友だちの発言をメモしている。
> ・自分の考えをふきだしで書いている。
> ・わからなかったことや疑問をメモしている。

このような観点をもって，先生が子どものノートをチェックします。そして，子どもたちに意識してほしい観点が達成できている子のノートを，全員が見られるように教室に掲示したり，ICT端末に配信したりするのです。その際，「なぜそのノートがよいのか」という理由を説明することがポイントです。

　このお手本は，押しつけられる型ではありません。なぜなら，書き方自体は子どもによってバラバラだからです。お手本として紹介されたAさん，Bさん，Cさん，Dさんのノートを見比べ，自分なりに解釈し，自分なりの型をつくっていくことが大切なのです。

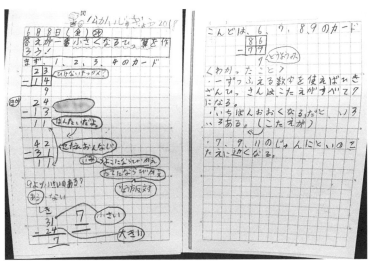

前ページの写真は，２年生のノートです。ふきだしを使って，黒板にはない説明を自分なりに書いています。さらに，これも特に指示されたわけではないのですが，自分で工夫して，ノートの最後に＜わかったこと＞という項目をつくり，自分の言葉で１時間の授業の振り返りをまとめています。

第5章
「リアクション」で
しかける！

反応＝リアクションの
引き出しを増やす

「教師は五者たれ」とよく言われます。

五者とは，以下の通りです。

学者…教師自身が学び続ける。
医者…教師が子どもたちのことをよく診る。
役者…教師が子どもたちに感動を与える。
易者…教師が子どもの可能性を見いだし，
　　　将来の道を指し示す。
芸者…教師が子どもと共に楽しむ。

　教師は，この5つの要素をもっておかなくてはいけないという教訓のようなものです。
　本章では，この中でも，「役者」に注目します。教師が役者であるには，専門知識に詳しいだけではだめで，子どもたちの言葉に対してどのようにリアクションするのかがとても重要です。教師のリアクション1つで，子どもたちの次の言葉が変わってきます。

特に授業においては，いくら事前準備をしたとしても，子どもたちから予想外の反応が起きることがよくあります。それに対してどのように教師が切り返していくのかという即興力が，実は最も授業を左右します。つまり，教師がいろいろなリアクションの仕方を身につけておくことが重要だと言えます。

　では，皆さんは子どもたちが何かしら発言をしたときに，何パターンの切り返しを思いつきますか。

　同意する。

　否定する。

　とぼける。

　詳しい説明を求める。

　スルーする。

　黙る。

　他の子に尋ねる。

などがあるでしょうか。

　さらに，同じ「同意する」でも，「なるほど！」「すごいね！」と，いろいろな言葉かけの仕方があるはずです。

　教師がたくさんのリアクションの引き出しをもっておくことで，子どもたちの意欲を高めたり，子どもたちの学びを深めたりするような対応ができるのです。

「とぼける」ことで，
子どもが表現する敷居を下げる！

　私は，バラエティ番組をよく見ます。バラエティ番組では，芸人さんの「ボケる」→「ツッコむ」という一連の流れで大きな笑いが起こります。そのような楽しい雰囲気を授業でもつくりたいものです。

　先生になる人は，基本的に真面目な方が多く，いわゆるお堅い授業をしなければいけないと思っている人も多いと思います。私自身も初任のころはそうでした。子どもたちから，
　「先生は真面目過ぎる。もっと楽しくしてほしい」
と不満を言われたことがあります。
　子どもたちは，楽しくないと授業についてきません。算数が好きな子は教材の内容がおもしろければ楽しめるかもしれませんが，苦手な子はそうはいきません。ですから，まずは授業の雰囲気づくりが非常に大切なのです。

　その授業の雰囲気づくりにおいて，**先生自身は子どもたちよりも後ろを歩く**ということを心がけたいものです。先生は教材研究や準備をすればするほど，子どもたちの前に出て引っ張りたくなるものです。そうではなく，**先生が物**

わかりの悪い大人になるということです。そうすることで，苦手な子どもも安心することができます。

　物わかりの悪い大人になるときに有効なのが，「とぼける」ことです。
　「なんでそうなるの？」
　「そんなわけないでしょ」
　「どういうこと？」
　「難しくて，ちょっとわからないな…」
　「(本当はAだけど) Bってことだよね？」
　「なんでさっきのやり方を今回は使わないの？」
などと，先生がわからない子や苦手な子の気持ちを代弁するのです。
　すると，わからない子や苦手な子も，
　「そうそう，よくわかんない！」
　「先生の言う通り！」
とわからないことを表現できるようになります。
　また，自分たちが理解できていることに対して，あまりにも先生が理解できないと，
　「先生，そんなこともわからないの？」
　「もう，何言ってるの！」
　「違う！　違う！」
　「先生，そうじゃないよ！」
　「BじゃなくてAだよ！」
　「今回はその方法では絶対だめなの！」

と驚くほど元気に反応してきます。大人に対して指摘する
とき，子どもたちはとてもムキになるものです。

　このように，先生がとぼけて一歩下がってみることで，
わからない子や苦手な子が，わからないことを表現する敷
居を下げているわけです。これを続けていくと，次第に自
分からもわからなさを表現できるようになっていきます。

　また，先生がとぼけることは，授業を深めていくのにも
有効です。例えば，子どもたちが答えだけ言って，意識が
その理由に向かわないときがあります。そんなときに先生
がとぼけると，
　「BじゃなくてAだよ！　だって…」
　「もう，絶対ないよ。だって…」
　「今回はその方法では絶対だめなの！　だって…」
というような発言が引き出せます。「だって…」の後には
理由が続きます。つまり，とぼけることには，理由の説明
を促す効果もあるわけです。

授業例

「カードの正体は？」（1年／いくつといくつ）

　1〜9のカードがあります。
　3人のカードをあてよう。

このように書いて黒板に9枚のカードを貼り，1〜9枚のカードが1枚ずつしかないことを確認します。

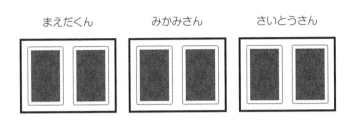

まえだくん　　　みかみさん　　　さいとうさん

　そして，上のように3人に2枚ずつカードを配った状況を伝えました。ここで子どもたちに，

　「これでわかるよね？」

と尋ねると，

　「これじゃわからないよ！」

と叫びます。そこで子どもたちに，

　「どんなヒントがほしい？」

と尋ねると，ある子が，

　「合計を教えてほしい」

と言いました。

　そこで，それぞれ2枚のカードの合計を順に伝えていきました。まずは，まえだくんが持っている2つのカードの合計が4であることだけを伝えました。

　すると，

　「わかった！」

という声がたくさん聞こえます。そこで，ノートに書いて

もらいました。

　ですが，実はこのとき子どもたちの考えにはずれがありました。1つに決まっていると先が見えている子もいれば，まだ可能性がたくさんあると悩んでいる子もいました。このずれをしっかりと議論していくことがとても大切だと考えました。

　実際に子どもたちに意見を出してもらうと，

　①2と2　②1と3　③3と1

の3つの考えが出てきました。

　すると，最初に②と③は同じであるという指摘がありました。「どういうこと？」と問うと，②と③は数が逆になっているだけなので，同じことであるということが確認できました。

　ですが，それでも，

　①2と2　②1と3（3と1）

と2つの可能性が残されています。

　そこで私は，

　「まだ【2と2】と【1と3】の2つの可能性があるから，1つには決まらないでしょ？」

ととぼけてみます。すると，

　「いや，決まっているよ！」

　「だって，2は1枚しかないのに【2と2】は，2を2枚使っているもん」

と反論が出てきました。2は2つ使えないから，①はだめということがわかったのです。

こうして，まえだくんが【1と3】のカードを持っていることがわかりました。

　次に，みかみさんが持っている2つのカードの合計が<u>11</u>であることを伝えると，同じように考えて，以下の意見が出てきました。
　①6と5　②7と4　③8と3　④9と2　⑤5と6
　この結果を見てもわかるように，**一度やったからといって，すぐに考えが理解できているわけではない**のです。ですが，きちんとすぐに指摘が出ます。まずは①と⑤です。まえだくんのときの【1と3】【3と1】の話と関連づけながら，同じ理由でどちらかに絞る必要があることを話してくれました。きちんと，前でやったこととつなげることができています。
　残りは，下の4つです。
　①6と5（5と6）　②7と4　③8と3　④9と2
　ここで，今度は③もありえないという話になりました。何人かが，
　「なんで？」
と言っていたので，私もそれにのっかって，
　「【8と3】は同じ数でもないし，1〜9のカードにもあるし，いいんじゃないの？」
　「なんで【8と3】がだめなのかわからないよね」
と気持ちを代弁します。
　すると，先ほどのまえだくんの方を見て話をする子が多

くいます。

「まえだくんの方を見たらわかる」

と多くの子が答えます。

ペアで確認する時間を取って発表してもらうと,【8と3】で使っている3のカードは,まえだくんがもう使っているからあり得ないことが見えてきました。

　①6と5（5と6）　②7と4　④9と2

　ここまでの話で,上のように①②④の3つまで絞れましたが,これ以上絞りようがない,となりました。

　すると,ある子が,

「さいとうさんの合計がわかったら,みかみさんもわかるかも」

と言いました。

　そこで,さいとうさんの2枚のカードの合計が8であることを伝えました。

　①5と3　②6と2　③4と4　④7と1

　ここで,これまでと同じように,【4と4】は4は1枚しかないからあり得ないこと,【5と3】【7と1】はまえだくんが1と3のカードを使っているからあり得ないことを確認しました（同じことを繰り返しやっていますが,1年生の授業はこういうものです。決して話を聞いていないわけではないのです）。

　これで,さいとうさんが【6と2】を持っていることがわかりました。

すると，ここで，

「前のみかみさんのところに戻れば，もうわかるよ」

という声が聞こえます。

①6と5（5と6）②7と4 ④9と2

以上の3つの可能性がありましたが，①【6と5】と④【9と2】はさいとうさんが6と2のカードを持っていることからあり得ないということになります。

よって，みかみさんが【7と4】を持っていることがわかりました。

これで，まえだくん・みかみさん・さいとうさんがそれぞれ持っている2枚のカードの正体がわかりました。最後は，本当に子どもたちが推測したカードで合っているのかけんたくんから1人ずつオープンします。実際のカードと子どもたちの推測したカードが見事に一致しており，歓喜の声で授業を終えました。

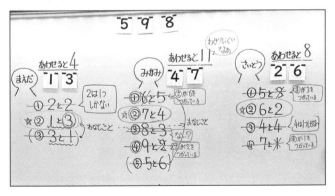

「誤答を受け入れる」ことで，
子ども同士による吟味を促す！

　算数の授業をやっていると，子どもたちから誤答が発表されることがあります。そのときに，どのようにリアクションしているでしょうか。

　「他には？」とその意見をなかったかのように扱ってしまったり，「それだと，…になってしまわない？」とその考えが間違っていることを先生が必死に説明したりしてしまってはいないでしょうか。

　子どもたちに「間違いを大切にしよう」と言いながら，むしろ先生の方が間違いに対して臆病になっていないでしょうか。ただ，間違った答えに何を言えばよいのか困る気持ちはよくわかります。

　そこで，そんなときには思い切って，

　「そうだよね，Aになるよね」

　「おもしろい考え方だね」

とその子の意見を先生が受け入れ，同意してみましょう。すると，違うと思っていた子は，自然と

　「先生，違うよ！」

　「えっ，Aではないんじゃないの？　だってさ…」

などと反論したくなるはずです。先生が誤答を指摘するの

ではなく，誤答を受け入れることで，子どもたち同士で意見を吟味し合うように仕向けるのです。

　こうして子どもたちに任せてみると，先生が思っている以上に子どもたちは高い修正能力を発揮します。

　「もしも先生が間違った方に同意し，クラス全員が間違った意見に流れてしまったらどうするのですか？」
と，納得いかない方もいるでしょう。その場合は，クラスの賛同を得たわけですから，いったんその誤答を「正しい」としておきます。そのうえで，そのやり方ではうまくいかない場面を次に用意しておきます。そこで，必ず子どもたちはその方法でなぜうまくいかないのかを考えることになります。

　先生が無理に誤答を修正しても，子どもたちに納得感は生まれません。**子どもたち自身が「気づく」，これが何よりも大切**です。

「正十二角形の作図」（5年／円と正多角形）

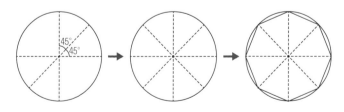

　教科書の正多角形の作図のページでは，上のように中心角360°を区切って正八角形や正六角形をかくやり方と，円

をかき，その円の半径と同じ長さで円周をコンパスで区切っていくと正六角形になるというやり方が紹介されています。

　後者の，円周を半径の長さで区切っていくという作図方法は，正六角形は対角線で分けられる6つの三角形が正三角形になるから可能なやり方です。つまり，正六角形の場合だけにしか通用しない特別なやり方なのです。

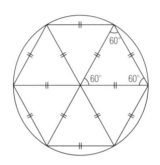

　この作図を授業で子どもたちに紹介すると，

　「じゃあ，円の半径の半分で円周に印をつけていけば，正十二角形になるのかな？」

と1人の子が言いました。

　まったく予想外だった意見にやや動揺しましたが，

　「おもしろいね！」

と私は即座にその意見を受け入れました。

　まわりの子たちも，

　「そうだね」

と全員がその子の考えに同意しています。

　半径の長さで印をつけると，6つの印がつけられ，それ

を結ぶと正六角形になりました。だから，半径を半分にすると，12個の印がつけられ，それを結ぶと正十二角形になると考えているわけです。とても子どもらしい，素直なすばらしい考えです。

そこで，私は子どもたちに実際に正十二角形になるのか，作図させてみることにしました。すると，

「あれっ？　最後の印が元に戻ってこない！」
という声があちこちから聞こえます。つまり，このやり方では正十二角形はかけないことに子どもたちは気がついたわけです。

そこで，円周を半径の長さで区切ってかけた六角形の作図を振り返ってみます。すると，コンパスで区切った半径の半分の長さは，正六角形の1辺の長さの半分（辺ACの半分＝線分AB）にはなっていますが，今回かきたかった正十二角形の1辺（辺AD）はそれよりも長くなっていることがわかってきました。

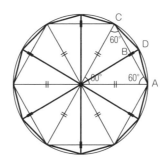

子どもの誤答を受け入れたことで，作図の理解が深まりました。

「論理を問う」ことで，
他者理解につなげる！

　子どもたちが何かを発言したとき，多くの場合はその結果（内容が正しいか否か）に注目しがちです。結果に注目してしまうと，発言内容が正しい場合にしか価値づけできません。しかし，そもそも算数は，論理的に考える教科です。たとえ間違いであっても，その子なりの考えがあるはずです。その論理に目を向けることで，どの子も価値づけていくことができます。**答えが合っていても間違っていても，その子なりにどのように考えたかが大事**なのです。

　論理を問うには，

　「どうしてこのように考えたの？」

と子どもたちに聞いてみることです。

　例えば，4年「面積」の導入の場面。

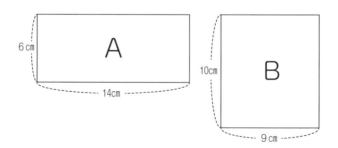

2つの長方形を提示して，

　「どちらの長方形が広いですか？」

と尋ね，ある子がAと答えたとします。

　おわかりのように，実際に面積が大きいのはBなのですが，Aと答えた子に，

　「どうしてAの方が広いと思ったの？」

と聞いてみるわけです。

　するとその子は，

　「まわりの長さを比べると，Aは40cm（6×2＋14×2）で，Bは38cm（10×2＋9×2）になるから，まわりの長さが長いAの長方形の方が広いと思ったの」

などと，その子なりの論理を述べてくれるでしょう。

　誤答ではあるのですが，比較するときにまわりの長さという情報に着目するというその子なりの論理が見えてきます。そういった態度を価値づけていくことで，誤答だった子も安心して次の発言ができます。

　また，発表した子とは別の子に，発表した子がどのように考えたのかを尋ねるという方法があります。

　「○○さん（発表者）の気持ちがわかる？」

　「○○くんの考えがわかる？」

と発表者とは別の子たちに問い返すのです。

　こちらは他人の論理を推測しなければいけないわけなので，より高度です。しかし，この方法のよさとして，子どもと子どもをつなげることができます。発表した子に論理

を聞くと，発表した子だけですべてが完結してしまいます。しかし，他の子に発表した子の論理を考えるよう促すことで，発表した子にクラス全員が関わることになります。自分の考えを理解してもらえた発表者も仲間に理解されるとより安心できるはずです。**一連のやりとりが他者理解になっているので，授業で学級づくりをしていることにもつながっている**わけです。

授業例

「↓はどんな数？」（2年／100をこえる数）

上の数直線を示して，

「↓（矢印）はどんな数になりますか？」

と子どもたちに尋ねました。

すると，以下のように，多様な意見が出てきました。

・1000（Aさん）　　　・750（Bくん）

・550（Cさん）　　　・505（Dくん）

・900（Eさん）

そこで，まずはＡさんの「1000」という意見に着目し，

「Ａさんが1000とした気持ちがわかる？」

と尋ねました。

　すると，多くの子が「わかる！」と言い，そのうちの１人の子が

「１目盛りを100と考えて，500，600，700，800，900…で，1000と考えたんだよ」

と発表してくれました。

　その後も同じように，それぞれの子がなぜ矢印のように考えたのかを考えていきました。そうすることで，「750」「550」「505」が，それぞれ１目盛りを50，10，１と考えていることがわかりました。

　ただ，最後の「900」の子は少し不安そうな顔をしています。この子は実は１目盛り100と考えていたのですが，数え間違えて発言してしまったのです。

　ところが，他の子が，

「900だったら１目盛りを80ずつと見ればいいよね」

と，その子すら想像しなかった論理を話してくれたのです。

　このように，最初の発表者と論理が違っていても，他の子どもたちがその子の答えを生かせるように論理を補ってくれることすらもあるわけです。他の子どもたちに論理を尋ねることには，実はこのようなよさもあります。

「黙る」ことで，
意思表示のための間をつくる！

　先生のリアクションというと，しゃべることばかりがイメージされますが，実は「黙る」ことも立派なリアクションなのです。

　先生が何かしゃべったときにパッっと意思表示できる子がいます。一方で，先生の問いかけに対して，頭の中でじっくり考えている子もいます。そういう子からは，先生の問いかけ直後には，表立った意思表示はありません。しかし，そういう子もきちんと考えているのです。ですから，**その子たちが意思表示できる間をあえてつくることが大事**です。

　ただ，実際に授業をしていると，なかなかこの間が待てないものです。子どもたちが何もしゃべらないと，授業者は理解できていないのではないかと不安になってくるからです。ですが，ここで焦らずに数秒待ってみてください。すると，少し間があった後に，子どもたちのいろいろなつぶやきが聞こえてくることがあります。

　すぐに声が出せる一部の子たちだけで授業が進まないようにするためにも，黙って間をつくることを意識するとよいでしょう。

以下は黙ることを特に意識するとよい２つの場面です。

①何かきまりがあるとき

$1\square - \square = 3$	$1\square - \square = 4$	$1\square - \square = 5$
$10 - 7 = 3$	$10 - 6 = 4$	$10 - 5 = 5$
$11 - 8 = 3$	$11 - 7 = 4$	$11 - 6 = 5$
$12 - 9 = 3$	$12 - 8 = 4$	$12 - 7 = 5$
	$13 - 9 = 4$	$13 - 8 = 5$
		$14 - 9 = 5$

「$1\square - \square = 3$」「$1\square - \square = 4$」「$1\square - \square = 5$」となる式を上のように提示した後，何も言わずにしばらく黙って待つと，「あっ，きまりがある！」「答えと式の数が同じになっているよ」といった反応が起こります。

②反論が予測されるとき

　上の例で，きまりが予想された後で，

　「絶対に，答えと式の数が同じになってるんだね？」

と先生が言うと，

　「そうそう」「なってるよ」

と最初は賛成の大きい声が聞こえてきますが，その声にリアクションせずしばらく黙っていると，

　「う〜ん，『絶対』とは言えないかもよ」

　「調べないとまだわからない」

と反論が出てくることがあります。

　最初の段階では，少数派は言いたくても言えないことがあるのです。

「わからないことを素直に聞く」ことで, おもしろいアイデアが引き出される！

　算数の授業をしていると，子どもの言っていることがよくわからないことはないでしょうか。

　経験を積むにつれて，だんだんと子どもたちが言いたいことは推測できるようになってきますが，それでも子どもの言いたいことがよくわからないということは少なくありません。

　こんなときに，皆さんはどのようにリアクションしているでしょうか。「先生がわからないことははずかしい」と思って，わかったふりをしたり，なんとなく意見を流したりしてしまっていないでしょうか。

　そもそも，先生がわからないことは，はずかしいことなのでしょうか。先生は子どもと別人格なのですから，子どもが何を考えているかすべてわかるはずがありません。また，普段子どもたちに「わからないことは，はずかしいことじゃないよ」などと言いながら，先生自身がわからないことをはずかしがっていては言行不一致です。

　では，どうすればよいのでしょうか。
　とても簡単です。

「どうやって考えたの？　先生もわからないや」
と素直に子どもたちに聞いてみればよいのです。

　先生が積極的にそういう姿勢を見せていくことが，クラス全体にも安心感を生むことにつながるはずです。

「いろいろな体積」（5年／体積）

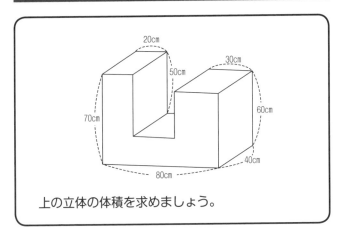

上の立体の体積を求めましょう。

　子どもたちは，いろいろなやり方で体積を求めました。

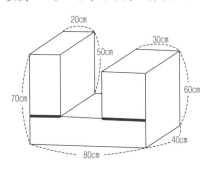

$40 \times 20 \times 50 = 40000$

$40 \times 30 \times 40 = 48000$

$40 \times 80 \times (70 - 50) = 64000$

$40000 + 48000 + 64000 = \underline{152000}$（cm^3）

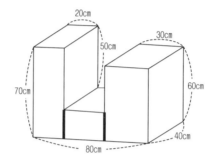

$40 \times 20 \times 70 = 56000$

$40 \times 30 \times 60 = 72000$

$40 \times (80 - 20 - 30) \times (70 - 50) = 24000$

$56000 + 72000 + 24000 = \underline{152000}$（cm^3）

　最初に出てきたのが上の２つです。このように立体を縦や横に分けて立方体をつくっていくやり方を私は想定していました。

　これで終わりかと思っていたときに，

　「まだあるよ！」

と言って，男の子が発表したのが次ページの式です。

$40 \times (20 + 30) \times 70 = 140000$

$40 \times 30 \times 10 = 12000$

$140000 + 12000 = \underline{152000}$（cm^3）

.

　最後の答えは，確かに他のやり方と一致しています。さらに，式もとてもシンプルです。

　ただ，私はどのように考えたのかがさっぱりわかりませんでした。まわりの子どもたちも同様です。

　そこで，発表した子に素直に次のように尋ねました。

　「とても式が少なくてすごいね。どんなふうに考えたの？」

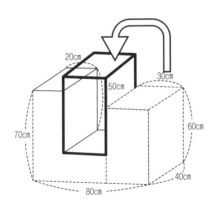

　すると，その子は，以下のように自分のやり方を説明してくれました。

　「まず，右の直方体を切って，真ん中の空いている部分に移動して大きな直方体をつくると，$40 \times (20 + 30) \times 70 = 140000$です」

「ただ，移動した部分の上のところが少しだけはみ出す
から，そのはみ出した部分の40×30×10=12000を後から
たした」

　このように，想定外の意見こそ，素直に尋ねてみると，
子どもたちからおもしろいアイデアをもらえるものです。

第6章
「見取り」から
しかける！

「手をあげていない子をよく見る」ことで，他人任せの風土を根づかせない！

　授業の中で，先生が子どもたちに挙手を求める場面はよくあります。そのとき，ついつい手をあげている子ばかりに注目して授業を進めてはいないでしょうか。

　これを続けていると，いつも手をあげている子だけで授業が進んでいくようになります。ですから，**むしろ見るべきは，手をあげていない子**です。

　そこで，まずはだれが手をあげていないのかを把握します。手をあげない理由としては，大きく次の2つがあります。

①そもそも答えがわからない
②答えはわかっているけれど，手をあげられない

①そもそも答えがわからない

　この場合，子どもにどれだけ意欲があっても手をあげられないのは当然です。ですから，先生がどのような言葉を投げかけるのかが大切になります。

　例えば，先生が，

　「この答えがわかった人？」

と尋ねたら，この子どもたちは反応ができません。この言葉に反応できるのは，答えがわかっている子どもたちだけです。

では，どのようにしたらよいのでしょうか。

そもそも，わからなくて困っているのは悪いことではありません。わからないことがあるからこそ，授業を行う意味があります。そこで，次のように尋ね方を変えてみます。

「困ったことがある人？」

「ちょっと難しいなと感じた人？」

「今当てられたら困る人？」

このように尋ねれば，困っている子どもたちも，何らかの意思表示ができるようになるはずです。

②答えはわかっているけれど，手をあげられない

こちらは，本来ならば手をあげられるはずなのに，あげられないわけです。

原因はいくつか考えられます。

まず，発表するのがはずかしいという場合があります。その場合はいきなり全体で発表するのではなく，**ペアトーク（2人）で練習し，安心感をもってから発表させる**ようにするとよいかもしれません。相手に一度確かめて，意見が一致していると，少し安心感をもてます。

他にも机間巡視の際に，**「この考え，おもしろいね！」と一対一で先生が勇気づけ，励ます**こともできます。

次に，他人任せになってしまっている場合です。答えが

わかっていても，手をあげている子に発表してもらえばいいと考えているわけです。

　こちらはやや深刻です。特にこれまで他人任せでいることが許されてきた場合，なかなか簡単には改善しません。そこで，まずは簡単な質問をして状況を確かめます。

　例えば，だれでも必ず1つは選べる，次の質問をしてみます。

　「Aだと思う人？」

　「Bだと思う人？」

　「わからない人？」

　他人任せになっている学級では，この3つどれにも手をあげない子が少なからずいるはずです。そういった状況を許容してはいけません。

　まずは，先生がゆずらず，発表することの大切さを語ることが大切です。

　「スポーツには選手と観客がいます。今，手をあげていない人は，スポーツをただ眺めている観客です。こうして卒業まで観客のまま過ごすこともちろんできます。ですが，スポーツで観客は特に成長しません。成長するのは選手です。それでも，観客のまま過ごしますか？」

　私は他人任せの子どもが多いクラスでは，上のような語りをします。ある意味，子どもたちを追い込んでいるわけです。そのうえで改めて同じ質問をして，手のあがり方に変化があるかを見ます。

　そして，手をあげる子が増えたら，

「すごい！　手をあげる人が一気に増えたね。そうやって，一人ひとりが参加していくことが大切です」

　このように価値づけます。それを繰り返しながら，発表する子が増えていくことを見守っていくわけです。

　ここでは簡単に書いていますが，他人任せのクラスを変えていくのは簡単ではありません。すぐに現状が変わらないからとあきらめず，**１年かけて少しずつ変えていくつもりで取り組んでいってください**。

　一方で，低学年担任の先生は，他人任せにする子を育てないように気にかけていくことが必要です。

　また，発表者の精神的な問題だけではない可能性もあります。つまり，他の子の反応が怖いわけです。自分が発表してすぐに，「え〜」「はぁ？」「違うよ！」などとまわりから言われるような環境では，発表する意欲が生まれるはずがありません。こういった場合は，**聞き手としての子どもたちに，どうやったら発表者が安心できるかを考えてもらうことが大切**です。

　例えば，発表した答えが間違っていても，

　「○○さんの気持ちわかるよ！」

とまわりが言ってくれたら，発表者も少し安心できるはずです。こういった姿勢を聞き手に育てていくことが大事です。

「聞き手を育てる」ことで，
よい話し手を育てる！

　指名した子が発表しているときに，皆さんはどこを見ていますか。ありがちなのが，発表している子ばかり見ているケースです。

　これはあまりよいことではありません。発表しているのは1名，その他数十人の子どもは全員聞き手です。つまり，先生が発表者だけに注目していると，聞き手のことが全然見えていないのです。さらに，発表者だけに注目することで，発表者は先生に向けて説明をするようになります。そうなるともう，聞き手である子どもたちは，授業の蚊帳の外に追いやられます。

　「なかなか子どもたちの説明力が向上しない」と悩んでいる先生は多いと思いますが，子どもたちの説明力が上がらない原因は，もしかしたらそのような先生の意識の問題かもしれません。

　よい話し手を育てるために最も大切なのは，よい聞き手を育てることです。よくある話型の指導をしなくても，よい聞き手を育てることで，発表者は自然と聞き手に理解してもらおうと，発表の仕方を工夫するようになります。

　では，どうすればよい聞き手は育つのでしょうか。まず

は，**先生が聞き手の反応も発表と捉えること**です。

「1時間の中で，全員が手をあげて発表することは難しいよね。でも，聞いているときに，うなずいたり，首を傾げてみたりすることはできます。これも立派な発表なのです。これだったら全員が何度も発表できませんか？」

私は年度はじめのころに，上のように子どもたちに話をします。

そして，だれかが発表しているとき，私は聞き手の子どもたちがどのように反応しているかを全体的に見渡します。時には発表者の席に座って私も同じ立場で話を聞くこともあります。そして，「うん，うん」とうなずいたり，「どういうこと？」と首を傾げたりしている子を価値づけていくのです。

そうすると，話し手は聞き手を見ながら話せるようになってきます。徐々に聞き手の反応を意識するようになるのです。

そして，聞き手の反応が思わしくないときには，具体例を出したり，わかりやすい言葉に言い換えたり，聞き手に尋ねたり…と，工夫をするようになります。

こうやって，話し手の説明する力が向上していきます。繰り返しますが，話し手を育てるためには，聞き手こそ育てていかなければいけないのです。

話型指導はしないと書きましたが，そうはいっても，ただ放っておくだけでよいのかという疑問もあるでしょう。

そこで，私が指導している最低限のポイントを書いておきます。

①短く話す

　初期段階は多くの子どもたちがダラダラと話してしまいます。話し手は自分で説明したいことがわかっているので，あまり意識していないのですが，聞き手は情報が多過ぎて何を言いたいのかが全然伝わりません。ですから，言いたいことを短く伝えることを意識させます。

②聞き手も巻き込む

　一歩進んだ段階として，聞き手も巻き込んだ発表の仕方を教えます。語尾を「…でしょ？」「…ですよね？」とするだけで，聞き手に反応を求めることになります。

　「8と9は1違いですよね？」

　「はい！」

　「うん，うん」

　このようなイメージです。

　さらに進んだら，「はい」「いいえ」と答えるだけではない質問もできるようになってくるとバッチリです。

　「角（あ）と同じ大きさになる角はどこですか？」

　（聞き手に挙手させて指名）

　「角（い）です！」

「虫食い算」（2年／たし算の筆算）

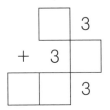

上のように部分的に□になっている筆算を提示しました。

すると，子どもたちはすぐに，

「百の位に入るのは絶対1だよ！」

と叫びます。そこで私は，

「なんで絶対って言えるの？」

と子どもたちに尋ね，1人の子を指名しました。すると，

聞き手を巻き込みながら，次のように説明してくれました。

「一番大きいときでも，9＋3＝12ですよね？」

「はい」（聞き手の子どもたち）

「だから，答えの百の位は1しか入りません」

本当にちょっとしたことですが，これだけでも聞き手は

しっかり聞く必要が出てきます。

「教科書の内容を深める」ことで，
先取りしている子も満足させる！

　私は，現在の勤務校に赴任する前は，中学受験をすることを前提とした私立小学校2校に勤めていました。そうすると，特に高学年では，中学受験のために進学塾に通っている子がほとんどです。

　ご存知の方も多いかと思いますが，中学受験のための進学塾の多くは，小学5年生までに小学6年生までの学習をすべて終えます。さらに，進学塾では，教科書では扱わない「つるかめ算」「過不足算」「流水算」など「特殊算」と呼ばれるものを学習します。

　つまり，学校で学習する以前に，塾で知識・技能についてはそれなりに知っている子が多くいるわけです。年々中学受験をする子も多くなっていますから，都心部では公立小学校でも同じような子が増えているはずです。

　そういった子たちを前にして，

　「進学塾で先取りをしている子もいる一方で，学校の学習がはじめての子もいる。その中で，どのような授業をしていけばよいのか」

　「先取りしている子がすぐに問題を解いてしまって暇そうにしている。挙げ句，進学塾の学習を優先して，学校の

授業をバカにするような態度を取っている」

　こういったことで困っている先生は意外と多いのではないでしょうか。かくいう私自身が，初任からずっと悩んでいました。

　これまでの経験から，いわゆる「先取り学習」をしている子どもたちと向き合ううえで大切なことが2つあると考えています。

　まずは，**授業の雰囲気づくり**です。ここができていないと，何をやっても機能しません。
　では，どんな雰囲気が必要なのか。それは，
　「クラスみんなで授業を創っていこう！」
という共通認識です。
　これは，よく考えれば，先取り学習をする子がいてもいなくても同じことです。こういった共通認識がなければ，「自分が計算できればそれでいい」という態度になるのは当然のことです。また，学校の授業で扱っていない先取りした内容を，まわりの子のことも考えずに得意げになって話すでしょう。
　しかし，「クラスみんなで授業を創っていこう！」という共通認識さえみんながもっていれば，自分が理解できていても，他の子がどうやったら理解できるのかを考えるはずです。先取りした知識を披露したところで，塾に通っていない子にはまったく伝わりません。ですから，これまで

クラスみんなで創り上げてきた文脈で話をしていく必要があります。

そういう意味で，**特に低学年での算数の学び方は非常に大切である**と私は感じています。1年生でそのようなことが当たり前になっていれば，それが次の学年以降にもつながっていきます。しかし，「答えを出したら終わり」のような授業が当たり前になっていると，途中から担任した先生がその雰囲気を変えるのは至難の業です。私の肌感覚では，半年から1年かかります。

がっかりされるかもしれませんが，この問題を解決する魔法のような方法はありません。

「クラスみんなで授業を創っていこう！」
という想いを伝え続け，価値づけていくこと，そして，先生自身が子どもたち全員の意見を大切にしていくことが非常に重要なのです。これは，**授業を通した学級経営そのもの**です。

次に，やはり**授業の内容**です。

得意な子は，学校の授業の品定めを初期にします。ここで，「この授業は受ける価値がある」と思わせられるかが勝負です。そのためには，**先取り学習をしている子も「？（はてな）」をもてるような授業を毎回準備すること**です。

とはいえ，得意な子，先取り学習をしている子が「？（はてな）」をもてるようにするために，単に難しい教材をもってくるのでは，ついてこれない子が出てきます。

そこで，**教科書の内容を深める**という方向性で考えてみてはどうでしょうか。

先取り学習をしている子は，確かに知識・技能は身につけています。しかし，「なぜそうなるのか」という部分までは理解していないことがほとんどです。

ある年，分数のわり算の単元で，「わる数をひっくり返して（逆数にして）かける」ということは，ほぼ全員が学習前から知っていることがありました。その子たちに次のような授業をしました。

「なぜひっくり返してかけるの」（6年／分数のわり算）

$\dfrac{2}{5}$ mの重さが $\dfrac{9}{20}$ kg の針金があります。

この針金1mは何 kg になりますか。

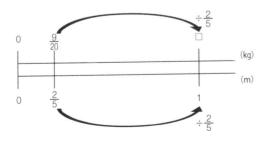

数直線を使って，

$$\frac{9}{20} \div \frac{2}{5}$$

とすぐに立式はできました。

　そして，先取り学習をしている子は，

$$\frac{9}{20} \div \frac{2}{5} = \frac{9}{20} \times \frac{5}{2} = \frac{9 \times 5}{20 \times 2} = \frac{9}{8}$$

というふうに答えを求めていました。

　分数のわり算は「ひっくり返してかける」という知識を塾などで教わっているのでしょう。

　そんな中，素朴に以下のように答えを求める子がいました。

$$\frac{9}{20} \div \frac{2}{5} = \frac{9 \div 2}{20 \div 5} = \frac{4.5}{4} = \frac{9}{8}$$

　分数のかけ算のときに分母同士，分子同士をかけ合わせて答えを出したことから類推して，分数のわり算のときは分母同士，分子同士をわって答えを出したわけです。

　ここで，「ひっくり返してかける」で考えた子は迷います。なぜなら，そのやり方は自分が思っていたやり方とはまったく違うからです。ですが，答えは合っているので，先取り学習している子たちは，何とかこれを否定しなければと焦ります。

　しばらくすると，

　「さっきのはたまたまだ！」

と指摘があり，次のような式ならば無理だと反論が出ました。

$$\frac{9}{20} \div \frac{7}{5}$$

　これだと，分子が $9 \div 7$ でわりきれないからです。

　しかしここで，

　「前にやった倍分を使えば，われるようになるんじゃないかな」

というアイデアが出てきます。

　倍分とは，約分の反対で，分数は分母と分子に同じ数をかけても大きさが変わらないという性質です。それを使って，$\frac{9}{20}$ の分子が7でわれるように，分母と分子に7をかけます。

$$\frac{9}{20} \div \frac{7}{5} = \frac{9 \times 7}{20 \times 7} \div \frac{7}{5} = \frac{9 \times 7 \div 7}{20 \times 7 \div 5} = \frac{9}{28}$$

　そうすると，なんと，先ほどのように，分母と分子をわることができるようになり，答えが求められてしまうのです。

　では，「ひっくり返してかける」というのは，どこからきたのでしょうか。これも実は上と同じやり方で証明することができます。

　文字式で上と同じことをします。今度は分母が c で，分子が d でわれるように，分母と分子に（$c \times d$）をかけま

す（倍分）。

　すると，

$$\frac{b}{a} \div \frac{d}{c} = \frac{b \times c \times d}{a \times c \times d} \div \frac{d}{c} = \frac{b \times c \times d \div d}{a \times c \times d \div c} = \frac{b}{a} \times \frac{c}{d}$$

となり，最終的な結果は，$\frac{b}{a} \times \frac{c}{d}$と「ひっくり返してかける」こととと同じになるわけです。

　授業後には，塾で先取り学習をして，やり方は知っていた子どもも，

　「だから，ひっくり返してかけるんだ！」

と理由が理解でき，喜びの声を上げていました。

第7章

「発表・話し合い」で
しかける！

「立場をはっきりさせる」ことで，スタートラインをそろえる！

　子どもたち一人ひとりが主体性をもって授業に取り組めるようにするには，どうしたらよいのでしょうか。

　ひと言でいうと，**子どもたちが他人任せにしないようにすること**だと思います。

　そのためには，**きちんと立場をもたせるということが大事**です。最近，「協働的な学び」というキーワードの流行からか，自分の考えや立場ももたないまま，すぐに話し合いをする授業を見かけます。大抵の場合，そのような授業ではすぐに考えられる子だけが話しています。

　そもそも，対話というのは，一方的に相手から何かを教えてもらうことではありません。各人が自分の立場をもちながら，相手と話し合うことです。そこで，自分と相手の考えを比較し，同じ部分や違っている部分をはっきりさせていくことが大切です。

　では，どのようにして立場をもたせたらよいのでしょうか。

　まずは，**きちんと自分の考えをもつだけの時間を確保すること**です。前述のように，最近は自分の考えをもたないままで話し合う授業が増えていますが，一人ひとりが考え

る時間をしっかりと確保することは大前提です。一方で，いわゆる「自力解決」にあまりにも長い時間を使うのも考えものです。長い時間を使うと，得意な子と苦手な子の差は広がるだけだからです。

　次に，**自分の立場をノートやタブレットなどに書かせること**です。なぜなら，書くことでそのときの考えが明確になるからです。書く前は，頭の中に浮かんでいるだけでどこかはっきりしない場合もあります。それを，書きながらはっきりさせていくということです。

　国語の授業名人である野口芳宏先生は，授業でよく○×（マルバツ）法を使われています。○×法とは，「賛成の人は○，反対の人は×を，ノートに書きなさい」などのように指示して，全員にノートに立場を書くように促すのです。こうすることで，自分の立場をもたず，他の人の意見をただ聞いている傍観者になってしまう子をなくします。

　もしかすると，最初のうちは，○も×も書かない子がいるかもしれません。そういった状況を簡単に見逃すのではなく，意思表示する重要性を説いて，そういう子でも参加できるようにしていく教師の根気も必要です。

　そして，

「わからない場合には，『？』と書くのも立派な意思表示だよ」

と，**「わからない」というのも１つの意思表示として認めていくこと**が大事であることをつけ加えておきます。

「友だちの発表を繰り返させる」ことで，発言のハードルを下げる！

　発表が苦手な子にとって，自分の考えを発言するのはハードルが高いことです。

　そこで，まずは友だちの発表を繰り返して発表することから始めるとよいでしょう。これならば，相手の話をしっかり聞いていれば，全員発表することができます。まずはそこからスタートしてみましょう。

　ある子が発表したらすぐに，

　「○○さんが言ったことをもう一度言える人？」

と尋ねてみるのです。

　しかし，やってみるとわかりますが，子どもたちは話を聞いているようで，意外と聞いていないものです。最初のころは，今聞いたばかりのはずなのに，ほとんどの子が手をあげることができない，という状況かもしれません。でも，それが今のクラスの実情ですから致し方ありません。

　ただ，ここで先生が一方的に注意をしてもあまり意味がありません。私は次のように対応しました。

　発表した子に，

　「今の状況を見て，どう思う？」

と聞いたのです。すると，発表した子は，

「自分の話が聞いてもらえなくて悲しい」

と想いを話してくれました。このような想いをクラス全体で共有すると，先ほど話を聞いていなくて手をあげられなかった子たちも，「悪いことをしてしまったな」という顔をしています。そこで，

「〇〇さんは悲しいと言っているけど，どうする？」

と尋ねると，

「もう一度聞きたい」

と言いました。

そこで，発表者にもう一度話をしてもらうと，聞き手の子どもたちは最初とは比べ物にならないくらい真剣に聞いています。そこでもう一度，

「〇〇さんが言ったことをもう一度言えるかな？」

と尋ねると，今度は多くの子の手があがり，発表者がしゃべったことを再現できました。改めて発表者に，

「今の状況を見て，どう思う？」

と尋ねると，にっこりして，

「みんなが話を聞いてくれてうれしかった」

と話してくれました。

このように，**先生が語るよりも，子どもたち同士が想いを伝え合うことが大事**です。それが，クラスづくりにもつながっていきます。繰り返していくことで，仲間の意見を大切にする風土が育まれていきますし，みんなの前で自分の考えを発表するための最初のステップにもなります。

「ヒントとストップ」で,
全員に発見する喜びを味わわせる！

　授業でよくある光景として,気づいている子が指名され,すべてを語ってしまうという場面があります。当然,他の子はただ聞いているだけになってしまいます。聞いている子は受け身の状態です。

　算数は発見の教科です。1人の子が気づいたことを,ただ聞いて理解するだけではなく,できればクラス全員が発見する喜びを味わってほしいものです。

　ですから,最初に数名しか気づいている子がいないときには,気づいた子に,

　「まだ気がついていない子にヒントを出せるかな？」

と投げかけ,まだ気づいていない子も発見できるようなヒントを出してもらうとよいでしょう。そのヒントで気づく子が増え,発表する喜びを味わうことができる子が増えていきます。

　ところが,低学年ころは,「ヒントを出せるかな？」と言っても,大事なところまで全部言ってしまうことが少なくありません。

　そこで,最初に気づいた子に発表させたとき,大事な

ころを言う直前で，先生が止めます。

　そして全体に，

　「○○さんがこの後何を言おうとしているか想像がつくという人？」

と尋ねてみるのです。

　最初に気づいた子の直前までの発言がヒントとなり，なかなか気づくことができなかった子の考える手がかりになります。そうして，多くの子が発見する楽しみを味わうことができるのです。

　ただ，1つ気をつけなければいけないこととして，**この方法は，最初に気づいた子の想いにも配慮しながら使わなければいけません**。自分が発見したことを言いたくてたまらない中で，発言を一度止めてしまうことになるわけです。

　ですから，別の子が発言した後に，

　「じゃあ，○○さんにもさっきの続きを言ってもらうね」

などと投げかけ，最初に気づいた子にもう一度発言させてあげるなどの配慮が必要な場合もあります。

　ただ，これも何度か続けていくと，自分の発言が途中で止められたということは，とてもよいところに目をつけたのだということが本人もわかり，それだけで本人は認められていると感じてくれるようになることが多いです。

「ペア・グループでの話し合い」で，考えを収束，拡散させる！

　大勢の前で発表することには，大人でも抵抗を感じる人が多いでしょう。職員会議や保護者会などを想像すれば，すぐに実感としてわかると思います。

　ただ，大人も子どもも，近くの人となら結構気軽に話すことができます。

　そう考えると，**全体の前で発表することだけではなく，ペアやグループで話をすることも発表と捉えるとよい**のではないでしょうか。実際，全体の前ではなかなか手があがらない子も，ペアやグループだったら活発に話す姿が見られることがよくあります。さらに，ペアやグループで話すことで安心感が生まれ，全体の前での発表につながっていくこともあります。

　ただ，ペア・グループで話し合いをさせるときには，注意すべきことがいくつかあります。

　まず，**何を話し合わせるのかを教師がきちんと明確にし，指示したうえで始める**ということです。ときどき，ただ教師の時間稼ぎのような形でペア・グループワークが使われている授業を見ることがあります。曖昧に話をさせるのではなく，ポイントを１つに絞ってペア・グループで話す時

間を取る必要があります。

　次に，ペア・グループで話し合っているときの見取りです。子どもたちがペア・グループで話し合っているときは，教師の休けい時間ではありません。そこまでではなくても，子どもたちがペアトークをしている間，教師は黒板を整理するなどして子どもたちをやらせっぱなしにして，全然見ていない，といった光景を見かけることがあります。そうではなく，子どもたちが話し合う姿を，近くでしっかり見取る必要があります。

　最後に，ペア・グループで話し合う目的を意識することです。ペア・グループトークで話し合う目的には，どのようなものがあるでしょうか。

①全体発表の前に安心感をもたせる

　これについては冒頭で述べた通りで，全体の前ではなかなか手があがらない子も，ペアやグループだったら活発に話す，といったことはよくあります。

②全体で話題になったことを隣同士で確認する

　全体で大切な発言が出てきたときに，子どもたちが，聞いただけでわかったつもりになってしまっていることがよくあります。そこで，一人ひとりが発言する場をペア・グループトークで保証します。

③自分と他者との違いを理解する

　他者の意見を聞くことで，自分では考えもしなかった発見をすることがあります。このように，ペア・グループで話し合うと，多様な発見や気づきが生まれます。

　②③を改めて見ていただくと，②は考えを収束させる場面であるのに対して，③は考えを拡散させる場面であることがわかるかと思います。こういった機能も意識しながら，ペア・グループでの話し合いを使いこなしていくことが大事です。

第8章
「まとめ・振り返り」で
しかける！

「無理にまとめようとしない」ことで, 追究心を持続させる！

　「まとめ」というと，どのようなことをイメージしますか。

　授業の終末に，まとめの「ま」というマグネットが貼られて，その横に先生が用意したまとめの文が書かれる。そして，それを子どもたちは書き写す。こんな場面をよく見ます。

　しかし，それは子どもたちにとって意味のあるまとめになっているのでしょうか。本来，まとめは子どもたち自身がどんなことを授業で学んできたのかを振り返って，言語化することこそが大事なのではないでしょうか。だとすると，**まとめは子どもたちの言葉で書かれなければいけません。**

　また，そもそも授業の終末に必ずまとめは必要なのでしょうか。最後にきれいに意見が収束するときはよいでしょうが，授業によってはむしろ意見が拡散したり，まだ曖昧なままだったりすることがあるはずです。そのときに無理にまとめることは，子どもたちが考え続けるのを阻害してしまいます。一生懸命考えてきた子ほど，

　「えっ，まだそんなにはっきりしていないんだけどなぁ

…」

と納得できない気持ちでいっぱいになるはずです。

　だったら，授業の状況によってまとめをやめてみてはど
うでしょうか。

　モヤモヤした気持ちをもちながら授業を終えることを悪
いと考える方がいるかもしれませんが，私はむしろモヤモ
ヤした気持ちをもちながら授業を終えるのはよいことだと
思います。モヤモヤしているとは，納得がいかない部分や
悩んでいる部分があるということです。モヤモヤしている
からこそ，

「モヤモヤを解消したい！」

という追究心が生まれます。そして，次の授業までに自分
で調べてくる子が出てくるかもしれません。そう考えると，
「１時間で授業をまとめなければいけない」と考えている
のは，教師の固定観念でしかありません。このことを，細
水保宏先生（明星小学校校長，元筑波大学附属小学校）は，

「１話完結型ではなく，連続ドラマ型授業へ」

と表現されています。つまり，きれいにまとめで１時間が
終わるのではなく，子どもの疑問（モヤモヤ）で終わるこ
とで，次の授業につなげていくわけです。

授業例

「mL は dL の隣？」（2年／水のかさ）

　１L＝10dL という関係を学習した授業の終末。普段の

生活の中で mL の存在には気づいている子どもたち。ある子から，

「じゃあ，dL のすぐ右隣に mL の部屋があるんじゃない？」

という声が上がりました。

　一の位，十の位，百の位の関係と同じように，以下のようになっていると子どもたちは考えます。多くの子はこの考え方に賛成しています。

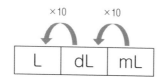

　1年生のころから，十進位取り記数法のよさを実感させるために，部屋（位）を大事に指導してきました。mL が dL よりも小さい単位であることはほぼ全員が日常生活で見聞きして知っています。

　だから，子どもたちはLとdLの関係を見て，さらに小さい単位である mL は dL の右隣の部屋になるのではないかと考えたわけです。非常にすばらしい予想です。

　しかし，ある女の子からは，

「私は mL の部屋は，dL の部屋の隣の隣だと思う」

と反対意見も出されました。

　この日は，特にまとめをせず，モヤモヤした状態で授業を終えました。

そして，次の時間。

栄養ドリンクの瓶を子どもたちに見
せました。その瓶には「100mL」と表
記してあります。この瓶に100mL入
るということは，子どもたちの予想か
らいくと下の表のようになります。

L	dL	mL
		100
	10	
1		

　この表を見ると，100mL = 1 L。栄養ドリンクの瓶に
満杯にした水を 1 Lマスに移すと，いっぱいになるという
ことです。

　子どもたちの多くが，

「おかしい！」

「瓶に 1 L（10dL）入るはずがない！」

と騒ぎ出しました。

　そこで，実際にやってみます。

　子どもたちが栄養ドリンクの瓶いっぱいに入った水を 1
Lマスに入れた方がよいと言うので，そうしてみます。も
ちろん 1 Lマスいっぱいになるには程遠い量となりました。
こうして，dL の部屋の隣が mL の部屋ではないことがわ
かりました。

　そんなとき，数名の子が，

「言いたいことがある！」

「気づいたことがある！」

と叫んでいました。尋ねてみると，

　「瓶いっぱいに入った水を１Ｌマスに移すと，１dL と同じことがわかるよ（１Ｌを10に分けた１つ分の目盛りまで水があるから）」

ということをしきりに主張しています。

　つまり，栄養ドリンクの瓶の水100mL と１dL が同じであり，１dL ＝100mL であることが導かれました。

　そこから考えていくと，最初に予想したような部屋の位置関係ではないことがわかります。考えを修正し，

　「mL は１つ間を空けたところにあるんだ」

と答えました。つまり，女の子の考え方が正しかったわけです。

　１mL が100集まれば，１dL になるので右のような位置関係になるという結論にたどり着きました。

L	dL		mL

しかし，ここで子どもたちは終わりません。上の部屋の位置関係を見ると，すぐに，

　「dL と mL の間にも何か名前があるんじゃないの？」

と言って，次時までに dL と mL の間である cL，L よりも大きい単位（kL など），mL よりも小さい単位（μL など）を家で調べてくる子もいました。

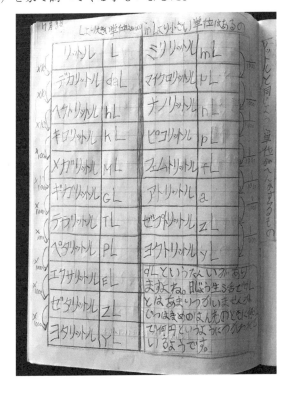

　子どものモヤモヤが次から次につながっていく授業となりました。

「似ていることを問う」ことで，統合的な見方を培う！

　「まとめ」と聞くと，終末に行うものと考えられていますが，決してそうではありません。**授業の途中でもまとめを行ってもよいのです。**

　では，授業の途中にどのようなまとめを行えばよいのでしょうか。1つの方法としては，**これまで学習してきたことと今回学習していることのつながりを意識させること**です。簡潔に言えば，**これまでの学習との共通部分を見いだす**ことです。

　「違いを見つける」のは容易ですが，「同じと見る」のは子どもたちにとって簡単なことではありません。

　①$3 + 5 = 8$

　②$300 + 500 = 800$

　③$0.3 + 0.5 = 0.8$

　④$\dfrac{3}{7} + \dfrac{5}{7} = \dfrac{8}{7}$

　例えば，①〜④を見て，①②は<u>整数</u>のたし算，②は<u>小数</u>のたし算，④は<u>分数</u>のたし算の計算という違いはすぐわかるはずです。

では，①〜④の共通点は，何でしょうか。大人でも意外に説明が難しいかもしれません。これは，何をもとにしているのかは違うけれど，すべてが「3＋5」になっている，ということです。①は1をもとにして3＋5，②は100をもとにして3＋5，③は0.1をもとにして3＋5，④は$\frac{1}{7}$をもとにして3＋5となっています。

　つまり，1や100や0.1や$\frac{1}{7}$など単位のいくつ分で考えると，①〜④まですべて3＋5になるわけです。

　過去の学習と結びつけて，同じと見ることを，算数・数学では，**「統合的な見方」**といいます。

　最初のうちは，先生から，

「これまでと似ているところはないかな？」

と尋ねて問題解決を振り返り，既習とのつながりを意識させていきましょう。

　これを繰り返していくことで，子どもたちはだんだんと先生が問わずとも，一見関係なさそうに思える場面も過去の学習と結びつけて考えることができるようになります。

授業例

「はがきの長さをはかろう」（2年／長さ）

　子どもたちは，前の時間に工作用紙を使って，次のような1目盛り1㎝となるものさしをつくっています。

| 0cm | 1cm | 2cm | 3cm | 4cm | 5cm | 6cm | 7cm | 8cm | 9cm | 10cm | 11cm | 12cm | 13cm | 14cm | 15cm |

そこで,

「前の時間につくったものさしを使って,はがきの長さ
を測ろう」

と投げかけました。

子どもたちがものさしを使って,実際にはがきを測って
みると,

「横は測れるけど,縦は困る」

という声が多く聞こえてきました。

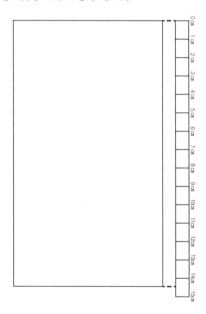

私は，

　「どういうこと？」

と尋ねてみました。

　すると，横はぴったり10cmとわかるのですが，縦を測る
と，前のページの図のように，14cmと15cmの間になって，
うまく測ることができないのです。

　そこで私が，

　「じゃあ，『14cmと15cmの間』と書けばいいよね」

と言うと，

　「それでは間に幅があり過ぎて，正確ではないよ」

と子どもたちが反論してきました。

　続けて，

　「1cmより細かい目盛りを増やすと測れるようになる」

　「1cmを10個に分ければいい！」

と言うので，ここで，私から子どもたちに以下のことを伝
えました。

　1cmを10個に分けた1つ分→1mm

　これを見たHくんが，

　「両替に似ているね」

とつぶやきました。

　それを聞いて，

　「Hくんが言いたいこと，わかる？」

と全体に尋ねると，

「あ〜，なるほど！」
と子どもたちは反応します。
　「どんなことがわかったの？」
と尋ねると，
　「1を10集めたら10になったでしょ？　同じように，1
　mmを10集めると1cmになる」

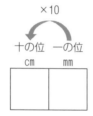

　このように言いながら上のような位の箱をかいて子ども
たちは説明してくれました。

　このようにして，長さの単位と十進位取り記数法の仕組
みが同じである（似ている）ことに，子どもたち自身が気
づいたわけです。
　今回のように子どもたちからの気づきがない場合には，
先生が
　「これまでと似ているところはないかな？」
と聞いてあげればよいのです。

　このように，単元を超えて「同じ」を見つけていくこと
が，統合的な見方を培うことにつながります。
　そして，こういう授業の途中でのまとめを何度も行って

いくことで，子どもたちの数学的な見方・考え方がさらに豊かになっていくのではないでしょうか。

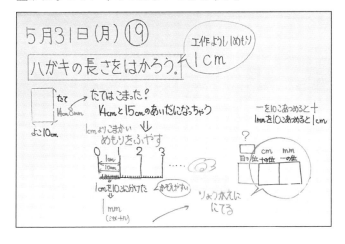

「『だったら，…は？』と問う」ことで，
発展的な考え方を培う！

前項の「統合的な見方」とセットであげられるのが，
「発展的な考え方」です。

発展的な考え方とは，一度問題を解決した後に，問題の
条件を変えて新しい問題をつくっていく考え方や態度のこ
とです。そうすることによって，たった1つの問題からい
ろいろと学びが広がっていきます。そして，結果的に最初
に解決したはずの問題の理解も深いものになっていくはず
です。

そのときに，子どもたちから，

「だったら，…は？」

という問いが起こる授業をつくることが大切です。

授業例

「3の段のかけ算」（2年／かけ算）

子どもたちは，これまでに5の段と2の段を学習してい
ます。そこで，

「3の段をつくろう」

と子どもたちに投げかけます。

まずは，

$3 \times 1 = 3$

これは，「３が１つ」と，かけ算の意味から考えている
ので自明です。

　３×２＝３＋３＝６

　３×２は，まず上のような３＋３という式が発表されま
した。

　Ａ子は，

　「３が２つなので３＋３と考えました」

と，先ほどと同じようにかけ算の意味から考えています。

　そのとき，Ｂ子が，

　「私は違います。前の３×１＝３より３増えたと思った
んだ」

と主張しました。

　３＋３という式は同じなのですが，考え方が違うわけで
す。

　ここで，他の子たちが２人の考え方をきちんと理解でき
たかを確かめるために，

　「Ａ子さんとＢ子さんの２人の方法で，３×３を求めて
みよう」

と投げかけました。

３×３＝３＋３＋３＝９（Ａ子／３が３つ）
３×３＝６＋３＝９　　　（Ｂ子／前の答え＋３）

　３×３で見てみると，２人の考え方の違いがはっきりし
てきます。

同じように考えて，

　$3 \times 4 = 3 + 3 + 3 + 3 = 9 + 3 = 12$

もわかりました。

　ここで，

　「だったら，3×9は？」

と，一気に飛ばしてみました。

　最初は意味から「3が9つ」と考えようとしていました
が，$3 + 3 + 3 + 3 + 3 + \cdots$と計算が大変です。

　すると，

　「$3 \times 9 = 9 \times 3$だから，$9 + 9 + 9 = 27$でいいよ」

と交換法則を使った考え方が出てきました。同じたし算で
も，交換法則を使うことによって，楽に考えようとしてい
るわけです。

　こうして，「$3 \times 9 = 27$」となりました。

　次は，3×8です。

　$3 \times 8 = 27 - 3 = 24$

という式が出てきました。

　「どうやって考えたかわかる？」

と全体に聞くと，

　「3×9から3をひいた」

と，B子の考え（前の答えに3を加える）を逆に使う考え
である，「後の答えから3をひく」という考えが出てきま
した。

　子どもたちがこの考えを理解したか確かめるために，3

×7でも確認してみました。

$3 \times 7 = 24 - 3 = 21$

次に，3×6です。

すると，これまでの考えに加えて，

$3 \times 6 = 12 + 6$

という考えが出てきました。

さて，これはどのような考え方なのでしょうか。

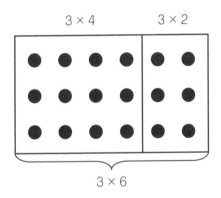

3×4 ＄3×2

3×6

子どもたちは上のようなドット図を使って，3×6を直前に求めている3×4と3×2と合わせたものと考えているわけです。つまり，詳しく書けば，

$3 \times 6 = \underline{3 \times 4 + 3 \times 2} = 12 + 6 = 18$

というわけなのです。

すると，子どもたちは，

「だったら，3×3と3×3でもいいんじゃない？」

と言います。

$$3 \times 6 = \underline{3 \times 3 + 3 \times 3} = 9 + 9 = 18$$

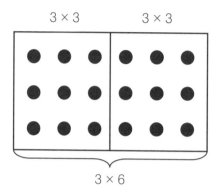

　先ほどの考えを発展させ，別の分け方でもできることを発見して，適用したわけです。これも，小さな発展的な考え方といってよいでしょう。

　さて，ここで私は，これまで学習してきた段と３の段の結果を次のページのように並べて書いてみました。

　すると，これを眺めていた子が，

　「気づいたことがある！」

と大きな声で手をあげました。

　「みんなにヒントを出せる？」

と尋ねると，「５の段の答え（10）」「２の段の答え（４）」「３の段の答え（６）」をゆっくり横に指さしてくれました。

5の段	2の段	3の段
5	2	3
10	4	6
15	6	9
20	8	12
25	10	?
30	12	18
35	14	21
40	16	24
45	18	27

「あ～！」

「そうか！」

と喜びの声が聞こえて来ました。

　尋ねてみると,

「5の段の答えから2の段の答えをひくと, 3の段の答えになっている」

と言います。

　確かに,

　5 - 2 = 3

　10 - 4 = 6

　…

　40 - 16 = 24

　45 - 18 = 27

と, そのきまりが成り立っています。

最後に，その理由を探ってみます。

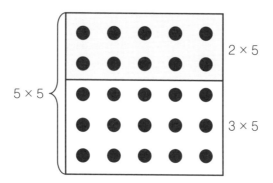

先ほどのようにドット図を使うと，5×5（3の段）から2×5（2の段）をひくと，3×5（3の段）になることが見えてきました。

よって，

3×5 = <u>5×5－2×5</u> = 25－10 = 15

となります。

5の段－2の段 = 3の段

言い換えると，

2の段＋3の段 = 5の段

ということが，この授業で見えてきました。

授業はここでひと段落だったのですが，子どもたちは，

「<u>だったら，これを使えば他の段もできるんじゃない？</u>」

と言い出しました。

最初に出てきたのは，次の2つの考えでした。

5の段＋2の段＝7の段

5の段＋3の段＝8の段

確かに，試してみると，2つとも成り立っているのです。

5の段＋2の段＝7の段の場合

5の段	2の段	7の段
5	2	7
10	4	14
15	6	21
20	8	28
25	10	35
30	12	42
35	14	49
40	16	56
45	18	63

子どもたちは，さらに，

「だったら，さらに1の段と8の段で9の段もつくれる
よ！」

などと，どんどん自分で新しい段をつくり出していました。

「学び方を振り返る」ことで，
みんなで授業を創る意識を高める！

　最近，振り返りを書かせる授業をよく見ます。

　こういった場面では，算数の内容を書かせることが多い
のではないでしょうか。しかし，**振り返りは，学び方につ
いて振り返る場でもあります。**授業の内容のことだけでは
なく，クラスの仲間とどのように学んできたのかも記録し
ておくことが大事です。

　というのも，算数授業というと，算数のことばかりが話
題になりますが，授業では決して算数の内容的なことだけ
が重要なのではありません。

　「クラスみんなで授業を創っていく」という意識が重要
なのです。

　ですから，クラスが安定していなければ，どれだけがん
ばってもよい授業にはなかなかなりません。

　過去に，授業がうまいと言われている先生が，飛び込み
で授業するのを参観しました。

　しかし，そのクラスでは先生が前にいるにもかかわらず，
数名の子が机に突っ伏して寝ています。こんな状況ですか
ら，たとえどんなに授業が上手な先生であっても，当然う

まくいくはずがありません。

　では，「クラスみんなで授業を創っていく」という意識を育てるためには，どのようにしたらよいのでしょうか。それには，**子どもと子どもの関係を創っていくことがポイントになる**と考えます。

　そして，そのためには，**まずは教師が子どもたちの発言や行動を認めていくことが大切**です。

　子どもたちが授業の中で手をあげることや発表すること。これらは，子どもたちにとっては，どれも当たり前のことではありません。

　「間違えたらどうしよう…」

　「答えが違っていたらはずかしいな…」

といった不安を抱えている子が少なくありません。

　ですから，そういった子どもたちを含め，全員を大切にしている姿をまずは教師自身が見せていくことが何よりも大切だと思います。

　そうすることで，子どもと子どもの関係もつながっていくわけです。そうして徐々に，「仲間と一緒に学んでいるからこそ，自分自身の学びが深まった」と感じることができるようになるのです。

　このように考えると，1時間の授業を通しての仲間との関わり合いについても，しっかり振り返っておくことが大事ではないでしょうか。

仲間とどのように関わって学んできたのかを振り返ることで，クラスとしての学び方も自分自身の学び方も深まっていくのです。こういったことが積み重なって，学級経営の集団づくりにも大きく影響していくはずです。

第9章
「自主学習」で
しかける！

自主学習の基本フォーマット

　家庭でやる学習といえば，真っ先に宿題が思い起こされるでしょう。しかし，宿題は算数が得意な子も苦手な子もいる中で，同じ課題を与えることになります。すると，得意な子にとっては簡単過ぎて無意味，苦手な子にとっては難し過ぎて取り組めない，といったことになりがちです。そう考えると，宿題が本当に効果的なのはクラスの三分の一ぐらいかもしれません。また，宿題は先生が一方的に与えるものになり，子どもが受け身になるというデメリットもあります。

　それに対して，自主学習は子どもたち一人ひとりが自分自身で何をやるかから選択します。宿題と違い，30人いれば30通りの学び方が保証されます。子どもたち自身が選択するので，宿題とは違い，とても能動的な学習になります。もちろん，最初は自己選択がうまくできない子もたくさんいます。しかしこれは，裏を返せばこれまで自分自身で何かを選んで学んでいくという経験をしてこなかったからです。ですから，**最初は多くの失敗をしながら，自分に最適な自主学習のやり方・中身を理解していくことこそが重要**なのです。

自主学習用に，授業ノートとは別のノート（10mm方眼）を用意することをおすすめします。自分の自主学習の努力が可視化されるからです。

　私は，１日見開き２ページ，以下のフォーマットを基本としています。

○月○日（○）7：00～8：00 バッチリメニュー	ワクワクメニュー ふりかえり よかったこと・なおすこと

①日付・曜日・時刻

　日付・曜日を書くことで，いつ学習したのか検索しやすいようにしておきます。また，自主学習の開始時刻と終了時刻を書いて，どれだけ自主学習に時間を使っているのかを把握します。

②バッチリメニュー

　学校で学習する「算数」「国語」「理科」「社会」のような教科の学習です。その日に追究したい教科を１～２つ選

択します。

③ワクワクメニュー

　教科にこだわらず，昆虫やスポーツ，音楽，キャラクター，恐竜など自分が好きなことについて学習します。

　②と③の2項目立てにしているのは，テストの点数などを心配するご家庭も多く，教科の学習を必ず盛り込むためです。そういった状況がないのであれば，バッチリメニュー，ワクワクメニューといった枠組みをわざわざつくらず，完全にフリーにしてよいでしょう。

④振り返り

　よかった部分と悪かった部分を書き出し，次の自主学習につなげていくことが大切です。そうすることで，自主学習がレベルアップしていきます。

　ここで示したものはあくまで基本形です。私のクラスでは，盛り上がった授業のときは，見開き1ページバッチリメニューで算数の追究をする子もいます。また，真ん中に昆虫を書いて，そのまわりにその昆虫の情報を書くようなワクワクメニューをする子もいます。

　基本のフォーマットにこだわらず，アレンジを認め，その子なりのノートであることが大事です。

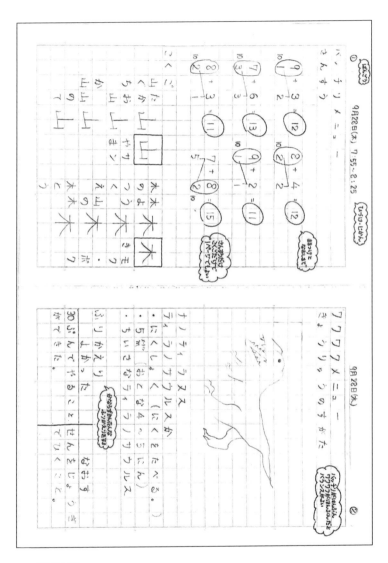

【参考文献】

・伊垣尚人『子どもの力を引き出す自主学習ノートの作り方』（ナツメ社）

「授業の最後に発展の視点を示す」ことで，自主学習につなげる！

　ここからは，算数の授業をどうやって自主学習のバッチリメニューにつなげていくのかに絞って話をしていきます。

　自主学習を始めたころの悩みのほとんどが，
　「何をやったらよいのかわからない」
というものです。バッチリメニューで授業の復習をするにしても，どうやったらよいのかわからないわけです。
　そこで，次の2つの選択肢を示しています。

①その日の授業の内容をもう一度まとめ直す

　授業の流れをもう一度文章化してみることで，その日に学習したことが明確になります。授業を受けているように実況中継風に書いてもよいですし，簡潔にポイントをまとめていっても構いません。この中でわからないことも出てくるかもしれませんが，わからないことを自覚することも大事な学習です。

②授業を発展させる

　授業で学習した問題の条件を変えて発展させ，新しい問題をつくります。それを追究していくことで，元の問題と

の共通性が見つかったり，新しいことを発見したりすることが多々あります。

　②は自分自身で問題を考えていくので，①よりもやや難易度が上がります。ただ，できれば①→②とステップアップしてほしいと思っています。

　そこで，学年のはじめの頃の授業では，授業で問題解決がひと段落したら，

　「もう一度やるとしたら，どんな問題にする？」
と子どもたちに尋ねることにしています。

　つまり，授業で扱った問題のどこを変えたらおもしろい問題になるのかを問うのです。すると，子どもたちは問題の条件を変えようとします。先生は子どもから出された意見を黒板にメモしておきます。

　ただ，ここで発言できるのはクラスの全員ではありません。でも，最初はこれでよいのです。**仲間の意見を聞きながら，**

　「ああ，こういう発展のさせ方があるのか！」
と学んでいくことが大切なのです。

　そうして，黒板のメモを参考に，自主学習を通して問題を発展させられる子が徐々に増えていくことでしょう。

授業例

「おだんごゲーム」（全学年トピック）

> 17個のおだんごがあります。
>
> 2人で交互に食べます。
>
> 1回で3個まで食べられます。
>
> 最後のおだんごを食べると負けです。

1年生の授業参観でこのようなゲームをやりました。

まずは，Aくんと実演してみます。

白色がAくん，灰色が私です。つまり，上のゲームでは，最後の17番目を取ったAくんが負けということです。続いて子どもたちも隣同士で対戦し，次は近くの勝った人同士で対戦しました。そして，2連勝した子と私が対戦しました。

すると，Aくんとの最初の例示を入れると，上のようになりました。負けた子どもたちは白色，勝った私は灰色で

184

す。そして，３回目に登場したＢくんが，12番目を私が取った時点で，

　「もう絶対負けるじゃん！」

と言いました。

　Ｂくんの発言の意図を他の子に考えてもらうと，Ｅさんが，

　「Ｂくんが１個食べたら，先生が３個食べる。

　Ｂくんが２個食べたら，先生が２個食べる。

　Ｂくんが３個食べたら，先生が１個食べる。

　だから，もうＢくんの負け！」

と答えました。

　12番目を私が食べれば，16番目（最後の１つ前）も確実に私が食べられるわけです。

　そして，次はＣさん。Ｃさんは勝負直前に，

　「先生が先にやって」

と言ってきました。私がいつも後攻であることに違和感を抱いていたわけです。そして，私がこれまでやってきたことの真似をして見事勝利しました。

　振り返ってみると，前ページのように，勝者は後攻で必ず４番目，８番目，12番目，16番目を食べていることがわかります。

　最後に，Ｄくんに本当にその理論で正しいのかみんなを代表して試合をしてもらいました。そして，見事にＤくん

の勝利でゲームは終わりました。

　最後に，授業が残り５分あったので，子どもたちに
　「もう一度ゲームをするならどんなルールにする？」
と尋ねました。

　すると，次の４つのアイデアが子どもたちから出てきました。

①おだんごの個数を変える
②対戦する人数を変える
③１回で食べられるおだんごの個数を変える
④最後を食べた方が勝ちにする

　さて，その日の自主学習ですが，多くの子が①〜④のどれかの観点で追究をしていました。１年生の１学期ですから，必勝法にまでたどり着く子は多くはなかったですが，今回のようにいろいろな観点でやってみることが非常に重要です。

　ちなみにこのゲームは，１年生に限らず，全学年でやることができます。私は自主学習の発展のさせ方を伝えるための授業として，２年生以降ならば授業開きで扱っています。

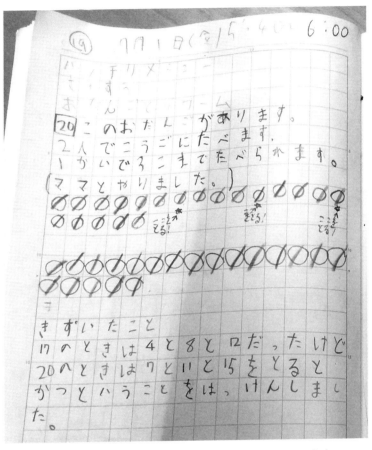

この子は，おだんごの数を17個から20個にしています。

そして，20個だと 7 番目，11番目，15番目を取ればよいと

いうことに気づいています。

「様々な手段で価値づける」ことで，
自主的な取組を持続させる！

　自主学習をやっているという話をすると，

　「自主学習は低学年でもできますか？」

という質問を受けます。

　私は2022年度までの過去５年間のうち，４年間で低学年の担任をしていますが，最も自主学習が活発だったのは，間違いなく低学年，特に１年生です。

　それは，１年生にとっては自主学習のように自己選択・自己決定する学びが当たり前だと感じるからです。そして，それが愉しいと感じるのでしょう。

　しかし，高学年になると，同じ担任が持ち上がり続けない限りは，学び方の積み重ねが違います。家庭学習＝（与えられる）宿題と考えていると，自分で何をするのか決めることがなかなかできないわけです。高学年のこういった気持ちを変えていくのには，体感で半年〜１年ぐらいを要します。

　自主学習ですから，全員が毎日やってくるわけではありません。ただ，だからといって，やらない子を放っておくのは考えものです。やはり，自分で学び続ける姿勢を身につける自主学習は，少しずつでもクラス全体に広げていき

たいものです。

　しかし，それを強制したのでは，普通の宿題と変わらなくなってしまいます。前向きな気持ちを引き出していったり，取り組めない理由に寄り添った改善策を提示したりすることが必要です。

　そのためには，**自主学習を率先してやっている子どもたちを価値づける**ことです。自主学習のトップ集団ががんばってくれると，これからがんばっていこうという集団も自然と底上げされていきます。

　価値づける具体的な方法には，以下のようなものがあります。

① 「スーパー自主学習」を掲示・配布する

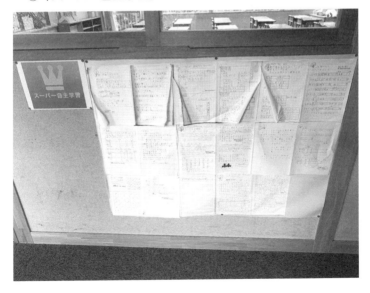

廊下に掲示しておくと，他のクラスの子も自主学習をやった子に感想を述べてくれることがあります。

また，掲示だけでは目に入りにくいこともあるので，時にはプリントにして配布することもあります。1人1台の端末が整備されている学校ならば，写真を撮って共有するのもよいでしょう。

スーパー自主学習を共有するときのポイントは，その自主学習のどこがすばらしいのかをきちんと示すことです。その視点を聞くことで，真似する子どもが少しずつ増えてきます。

②「自主学習タワー」をつくる

終わった自主学習ノートを教室の後ろに積んでいきます。

自主学習は本来個人の活動なのですが，クラス全体の取組とすることで，運動会のように，「クラスみんなで○○冊目指してがんばろう！」という意識が生まれます。100冊，200冊…などの節目には，記念にお楽しみ会などをすると，とても盛り上がります。

③「ノート交流会」を行う

　一人ひとりの自主学習をレベルアップさせるために，週1回など定期的に交流会を行います。ペアやグループになり，お互いのノートを見合って付箋にコメントを書きます。書かれたコメントが次へのモチベーションになります。コメントをもらえない子が出ないように配慮が必要です。

④先生がコメントする

　先生のコメントが楽しみでがんばっているという子も過去にはたくさんいました。時にはアドバイスもしますが，基本はたとえ2行の自主学習であってもその子を認め，励ましてあげることです。ただ，毎日あまりにも長文でコメントを入れると大変になるので，持続可能な範囲で行うことが大切です。

「発展のさせ方を紹介する」ことで，全体のレベルアップを図る！

　自主学習の中でのすばらしい問題の発展のさせ方や，数学的に価値がある取組は，ぜひクラス全体に紹介しましょう。場合によっては，自主学習での問いや発展させた内容をそのまま授業で扱えることがあるかもしれません。

　1年生の「いくつといくつ」の習熟の授業で，以下のようなたし算迷路を行いました。

スタート

1	9	8	6	8	1	10	0
3	1	3	2	8	9	4	3
2	9	6	7	1	3	0	7
8	3	8	3	0	2	3	8
4	6	3	5	5	9	8	2
2	1	1	1	1	0	2	4
5	9	2	8	9	8	5	5
1	8	6	1	2	1	3	10

ゴール

スタートからゴールまで，「１と９」「２と８」のように
２マス合わせて10となるところを進んでゴールを目指すと
いうものです。前ページの問題だと，灰色のように進むと，
ゴールにたどり着くことができます。

　この授業後の自主学習で，多くの子どもたちが自分なり
の問題をつくってきました。さっそく私はそれをプリント
にして，クラス全体に配布しました。例えば，下の問題は，
マスの数を増やし，さらに問題を「いくつといくつといく
つで９になる」，つまり３マスで９になるように進む迷路
をつくっています。

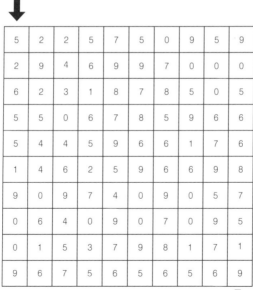

スタート

5	2	2	5	7	5	0	9	5	9
2	9	4	6	9	9	7	0	0	0
6	2	3	1	8	7	8	5	0	5
5	5	0	6	7	8	5	9	6	6
5	4	4	5	9	6	6	1	7	6
1	4	6	2	5	9	6	6	9	8
9	0	9	7	4	0	9	0	5	7
0	6	4	0	9	0	7	0	9	5
0	1	5	3	7	9	8	1	7	1
9	6	7	5	6	5	6	5	6	9

ゴール

こうやって，子どもたちの問題を使うことで，その子を価値づけていることはもちろん，**他の子に対しても「このように自主学習をしていくとよいのだよ」ということを暗に伝えることになっている**わけです。

授業例

「6のだんのかけ算」（2年／かけ算）

1から60までの数表を提示して，以下のような問題を投げかけました。

> **表の2の段に青丸（下図では灰色），3の段に赤丸（下図では○）をつけよう。**

1	2	③	4	5	⑥	7	8	⑨	10
11	⑫	13	14	⑮	16	17	⑱	19	20
㉑	22	23	㉔	25	26	㉗	28	29	㉚
31	32	㉝	34	35	㊱	37	38	㊴	40
41	㊷	43	44	㊺	46	47	㊽	49	50
(51)	52	53	(54)	55	56	(57)	58	59	(60)

すると，上のように，青丸と赤丸の重なった部分は6→12→18→24→30→36→42→48→54→60となり，すべて6の段になることがわかりました。

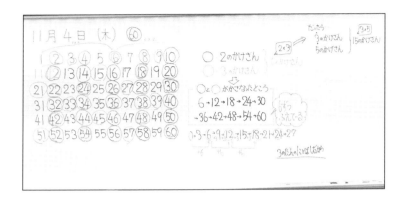

　その日のある子の自主学習です。

　その子は2の段と3の段に丸をつけていくと，2×3＝6で6の段になったから，以下のような疑問を感じて，追究していました。

> ■の段と▲の段を丸すると，重なったところが■×▲の段になるの？

　5の段と3の段では，次ページのように，この子の予想通りに（5×3＝）15の段になりました。

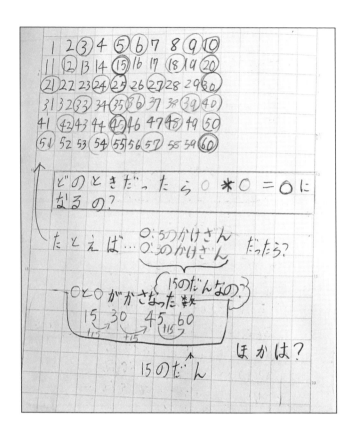

しかし，6と8の段でやってみると，びっくりです。予想では，6×8＝48から，48の段になるはずだったのですが，実際の結果は，24→48と24の段になっていたわけです。

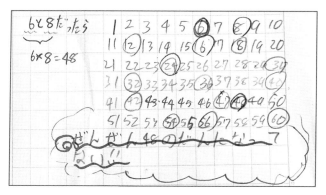

別の子は3の段と6の段のように，小さい数をかけると大きい数になるものは，■×▲の段になる法則は成り立たないことを見つけていました。

算数なぜ　　　くんのじしゅ学しゅ
うノートで、②3のかけ算と6のかけ算で、なぜ、18のかけ算にならないのかしらべます。

①○のかけざんをまとめるほうほう。
3のかけ算と6のかけざんの、3と6に5うもくします。
ときかた
小さい数字をかけて、大きい数字にします。そして、そのすきかずにたし小さいずっとに小えてく、いう。です。だから
くんのじしゅっくしゅ③
3×6＝18ではなく6になった①
です。

ナルホド‼︎　2と4などもそうだね．

2年生ですから，なかなか結論にたどり着くのは難しいのですが，この追究は，5年生の「倍数・約数」の素地になります。ですから，私は次の日にこの子たちが追究してきたことを，他の子どもたちにも共有しました。

　こういった，**先を行く子どもたちがどんどん突き進んでいけることも自主学習のよさの1つです**。そして，それがクラス全体にも少しずつ広がっていき，全体のレベルアップにつながっていくのです。

第10章
「学級通信」で
しかける！

「実況中継風に伝える」ことで
授業の臨場感を味わってもらう！

　授業を円滑に進めるには，子どもたちとの関係が最も大切ですが，次に大切なのが保護者の理解です。しかし，実際に保護者が授業を見る機会は，年に数回の授業参観くらいのものです。

　となると，普段は我が子の言葉だけで授業の様子について理解することとなります。だからこそ，子どもたちが授業を楽しむことが大切なわけですが，時には先生発信で授業の意図やねらいを保護者に伝える場をもつことが大切です。そうすることで，こちらの意図がより的確に，そして明確に伝わるからです。

　そこで私は，算数授業の様子を学級通信に書いています。算数専科で担任クラスがないときも，「算数通信」という学年通信を発行していました。

　なぜこのような授業をしたのか，なぜこの子を当てたのか，何気ない発言にどれだけの大きな意味があるのか，こういったことを家庭に伝えるのです。高学年になれば，それを子どもたちも読むことができるので，授業での活躍を価値づけることもできるのです。

　私がこだわっていることは，**子どもの名前を出して，実**

況中継風に伝えることです。保護者もその場にいる感覚を味わってほしいと思うからです。そして，時には子どもたち自身の振り返りや日記も載せて，子どもたちの声も届けるようにしています。

1年○組学級通信　No.23

Challenge

2022年4月29日発行
○○小学校
1年○組担任　前田　健太

● ●

□に入るのは？

　ノートを授業で本格的に使いはじめました。まずは日付・曜日と「□に入るのは？」という問題文を書き，問題文を赤囲みします。そして下のように書きました。

$$□ - 4 - 5 - □ - □$$

　すると，「わかった！」という多くの声が聞こえたので，ノートに写して□に思った数を書いてもらいます。すると，最初にKくんが 3－4－5－6－7 という答えを発表してくれました。すると，多くの子が賛同します。ただ，1年生の子ども達にとって理由を言うことは意外と難しいことです。それでも「順番になっている」「番号順だ」「1ふえている」という説明がされました。すると，Hくんが別の答えがあるようで，聞くと 5－4－5－4－5 といいます。5-4が繰り返されているというわけです。とても柔軟な発想だと思います。
　さて，次はこのような問題を書きました。

$$□ - □ - 5 - □ - □$$

すると，Kくんが「さっきと同じだ！」と言います。「Kくんが言っていること分かる？」と聞くと，さっきのKくんやHくんの答えになるのではないかということです。ただ，数名の子が「まだ答えがあるよ！」と叫んでいます。しばらく時間をとると，いろいろな発想がでてきました。Rくんは 1－3－5－7－9 のように2ずつ増えているもの（1個飛ばし）。Yくんは，7－6－5－4－3 のように1ずつ減っているものも出してくれました。前の学習と関連させて，Sくんは「Kくんの逆だ」と結びつけていたのも良かったです。本当はもっとやりたかったのですが，ここで時間切れでした。最後に私からスペシャル問題として，1－2－3－5－8（②にあわせるなら 2－3－5－8－13）というものを示し，「先生はどのように考えたのか？」と投げかけておわりました。休み時間すぐに，Rくんは「1増えて，1増えて，2増えて，3増える」と言いに来てくれました。数の増え方に着目するという既習を使っているわけです。素晴らしい。ただ，これだと「なぜ1増えてだけ2回続くのか？」という疑問が残ります。これは1年生にはかなり難しいです。大人でも悩むかもしれません。月曜日を楽しみにしています。

「算数コンテストを行う」ことで,
みんなで算数を楽しむ！

　子どもたちに算数に興味をもってもらうために,「算数コンテスト」というものをやっています。コンテストでは,算数のおもしろい問題を,授業でやっている単元とは別に子どもたちに出題しています。

　おもしろい問題があったとしても,通常の授業では,学年や単元,時間数の問題でなかなか扱えません。ですが,そういったおもしろい問題にこそ,算数の楽しさを感じられる要素がたくさんあります。

　コンテストへの参加は任意です。ですから,学級（算数）通信で問題を伝え,やりたい子だけがノートにまとめて提出することになっています。

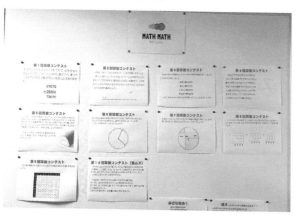

算数専科のときは，廊下に掲示板をつくっていました。

　ここで，算数コンテストの問題をいくつか紹介します。あえて答えは書きませんので，子どもたちの気持ちになって考えてみてください。

　1枚のピザがあります。

　右の図のように，3本の直線でピザをカットすると，最大7切れに分けることができます。

　では，10本の直線でピザをカットするとき，最大何切れに分けることができますか。

　ただし，1つ1つの大きさは同じ大きさでなくても構いません。

　半径8㎝（中心O）の円の中で，2本の直線が垂直に交わっています。

　灰色の部分と白い部分の面積は，どちらがどれだけ大きいでしょう。

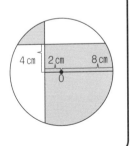

算数コンテストの提出期限がきたら，学級（算数）通信で，寄せられた解答を紹介するようにしていました。

そして，驚くような解法で考えていた子は，MVPとして名前を載せました。これによって，また次もがんばって提出しようという気持ちが出てくる子どももいます。

また，通信で発行することで，実は保護者の方も一緒に楽しんでいるということがよくあります。授業参観などで保護者の方に会うと，

「いつも先生の問題，私も楽しく解いています」

と言ってくださる方が毎年います。こうやって，**保護者も含め，みんなが算数を楽しむ姿が子どもたちにもよい影響を与えていく**のです。

5年 算数通信 No.○○

MATH MATH

2019年11月19日発行
○○小学校
5年算数担当 前田

第5回算数コンテストの結果

2人でケーキを分けます。このとき一人が「どちらも同じ大きさで，どちらのケーキをとっても納得できる」と思えるようにケーキを切ります（切った人が納得できているのならば等分でなくても構いません）。そして，カットしなかったもう片方の人がケーキを選べば，2人とも納得した気持ちでケーキを分けることができます。

では，3人でケーキを分ける場合どのようにしたら納得してケーキを分けることができるでしょうか。

第6回算数コンテスト

🏆 MVP 🏆
【梅組】Yさん、Yさん
【松組】Kくん
【桜組】Kくん

今回は歴代の算数コンテストの中でもかなりの難問だったと思います。算数・数学好きの大人でもおそらく悩んだのではないでしょうか。実はこの問題を出したのも私がある講演会でこの問題を出されて大変考えたからです。

　今回残念だったのはそもそも問題の意図を正しく読み取っていない「長さを測って正確に３等分すればよい」「中心から１２０度ずつくり抜く」というような答案も多くあったことです。長さを１mmの狂いもなく、正確に分けるのは難しいからこそ、２人バージョンのような分け方があったわけです。その３人バージョンを考えようという問題でした。

　正解者が０人でもおかしくない問題だったので、今回は正解者全員をMVPとしています。それぞれが違う解答でとてもおもしろいです。

＜Yさん＞

これが最もわかりやすい解答でしょう。

①まず、AとBの二人が問題文で示したように切る人と選ぶ人と分かれて、２人で２分割します。

②次にAとBがもらったケーキをそれぞれ1/3になるように３つに分割します。

③最後にCがAとBが３つに分けたものからそれぞれ１切れずつもらいます。残りの２切れをAとBがそれぞれもらいます。（終）

これだと４人でも５人でも簡単に分割できることがわかります。

＜Yさん＞※Kくんも書き方は違いますが実質的に同じ内容です。

個人的には一番おもしろい解答でした。

①AとBとCにまずどこで切ったら1/3になるのか聞く。

②この３人の中で一番範囲が狭い人（ここではAとする）がその人が思う1/3のケーキをもらえる。つまり、他の２人（BとC）にとってはとっていない方は2/3超の価値があると思っているわけである。

③Aがとっていない方をBとCが２人で分ける方法を使って、切る人と取る人に分かれて分割する。

＜Kくん＞

①Aが３等分だと思うところを切る。（ア、イ、ウに分けたとする）

②BとCがどれを一番ほしいのか選ぶ

　　（ⅰ）BとCが違うものを選んだ場合（例えばBがイ、Cがウを選んだ）

　　それぞれが好きな好きなものをとって、残りアをAさんが選ぶ。

　　（ⅱ）BとCが同じものを選んだ場合（例えばBとCがウを選んだ場合）

　　BとCでウを２人の切る方と選ぶ方に分かれる方法で分ける。

③【（ⅱ）の続き】次に２番目に欲しい物をBとCで選ぶ

　　（ア）BとCが同じならば（ⅱ）と同じように２人で分ける作業をする

　　（イ）BとCが違うもの（アとイ）を選んだら、Aくんがアとイをそれぞれ２等分だと思うところで切って、B君とC君が好きな方を選ぶ。

「振り返りを共有する」ことで，
授業の雰囲気づくりを行う！

　学級通信では，子どもたちの振り返りもよく共有しています。

　第8章でも述べたように，振り返りには，算数の内容に関するものと，クラスの仲間とどのように学んできたのかという学び方に関するものがあると考えています。

　学級通信では，後者の，仲間とどのように学んできたかということを多めに伝えるようにしています。それは，保護者の方にクラスの雰囲気を知ってもらうということと，子どもたちにもそういったよい学び方や関わり方，仲間の言動の受け止め方を広げていきたいからです。そして，学級通信に載せることで振り返りを書いた子自身を価値づけることにもなります。

　算数の授業の雰囲気づくりは，授業中だけではなく，学級通信を使っても行うことができるのです。

　次ページの例は，学級通信に掲載した子どもたちの振り返りです。上段が算数の内容に関するもので，下段がクラスの仲間とどのように学んできたのかという学び方に関するものです。

1月15日　mL の「m」

　今日の６時間目の算数は単位をまとめました。まず
㎤ と mL は同じというところからスタートしました。
それで m³ と kL は同じというものも知りました。m³
は m がついているから L と同じだと思っていたので
驚きました。

　あと一番驚いたのは，mL はなんで m がついてい
るかということです。m は１／1000なんだそうです。
L の１／1000だから mL なんです。他にも cL の c は
１／100で，dL の d は１／10で kL の k は他のと逆
で1000倍なんだそうです。

　だからこれを覚えておけば mL は何倍で L なのか
忘れてもすぐに出せます。

4月21日　I さん

　今日は，I さんが算数の授業で意見を言ってくれま
した。ぼくもその意見と同じだったので拍手をしまし
た。今まであまり意見を聞いたことがなかったので，
とてもよかったなと思いました。

　これからも I さんの意見が聞きたいです。

【著者紹介】

前田　健太（まえだ　けんた）
慶應義塾横浜初等部教諭。
子どもたちが愉しいと思える算数授業を目指して日々実践を重ね，その様子を Twitter でも積極的に発信している。
共著に，『１年間まるっとおまかせ！　小学１・２年担任のための学級あそび大事典』（2022年，明治図書），『子どもがぐんぐんやる気になる！　小学校算数　授業づくりの技事典』（2018年，明治図書），『すぐに使える！　小学校算数　授業のネタ大事典』（2017年，明治図書）など
■ Twitter アカウント
　前田健太 @ 算数好きの先生
　@mathmathsan

しかける！算数授業

| 2023年３月初版第１刷刊 ©著　者 | 前　　田　　健　　太 |
| 2024年１月初版第３刷刊　発行者 | 藤　　原　　光　　政 |

発行所　明治図書出版株式会社
http://www.meijitosho.co.jp
（企画）矢口郁雄（校正）大内奈々子
〒114-0023　東京都北区滝野川7-46-1
振替00160-5-151318　電話03(5907)6701
ご注文窓口　電話03(5907)6668

＊検印省略

組版所　株　式　会　社　カ　シ　ヨ

本書の無断コピーは，著作権・出版権にふれます。ご注意ください。

Printed in Japan　　　　　　　　ISBN978-4-18-342438-9